EXTRANJERÍA EN ESPAÑA 2024, Guía Práctica.

EXTRANJERÍA EN ESPAÑA 2024
Guía Práctica

Cexabel Chipia Estrada

EXTRANJERÍA EN ESPAÑA 2024
Guía Práctica

CEXABEL CHIPIA ESTRADA.

ISBN: 9798329746921

Publicación Independiente, Primera Edición 2024.

Foto autora contraportada: **"Carlos Ronga Foto Estudio".**

Diseño y fotos portadas, revisión y corrección del libro:
Francisco Esteban Yánez Rodríguez.

Todos los derechos de esta obra son reservados.

Queda prohibida la reproducción total o parcial de esta obra. Le pedimos no reproducir, escanear, ni distribuir alguna parte del contenido de este libro por medios electrónicos o físicos, a menos que se cuente con el debido permiso por escrito del autor; a quien se le puede solicitar la reproducción de algún texto o imagen de los aquí contenidos. Al hacerlo usted está respaldando al autor y así le permite que continúe publicando sus libros para disfrute de los lectores.

ADVERTENCIA LEGAL: Lo descrito en esta guía es de carácter informativo; donde la palabra final la tendrá las leyes y normativas vigentes, así como el pronunciamiento oficial del funcionario o ente a través de la resolución respetiva. Todo lo cual será de estricto acatamiento y en sintonía con los deberes, derechos y recursos disponibles para todos los ciudadanos en España y la Comunidad Económica Europea.

Contacto con la autora:

www.cexabelchipia.com
intermediacionyextranjeria@gmail.com
www.solucapglobal.com
linkedin.com/in/cexabelchipiaestrada

EXTRANJERÍA EN ESPAÑA 2024, Guía Práctica.

ÍNDICE:

PRESENTACIÓN.. 13
PRÓLOGO.. 15
INTRODUCCIÓN.. 19
DEDICATORIA.. 25
AGRADECIMIENTOS.. 27
PRIMERA PARTE RÉGIMEN GENERAL DE EXTRANJERÍA.
.... 29
CAPÍTULO I.. 31
   NOCIONES GENERALES:... 31
      Oficinas de Extranjería e Inmigración:................... 31
      Tarjeta de Identidad Extranjero (TIE)..................... 32
      Número de Identificación de Extranjero (NIE)..... 34
      Tarjeta Comunitaria... 35
      Trabajadores Transfronterizos................................. 37
      Teletrabajadores Transfronterizos......................... 37
      Silencio Administrativo en Extranjería.................. 38
      Recurso de Reposición.. 39
      Plataforma de Extranjería "MERCURIO"................ 40

Derechos, libertades y obligaciones de los extranjeros en el Reino de España. 41

Reagrupación Familiar. 42

Sistema de Entrada y Salida (SES O EES). 46

CAPÍTULO II **47**

Estancia de Corta Duración sin Visado: 47

Sistema Europeo de Información y Autorización de Viajes (ETIAS). 49

Visados de Corta Duración Espacio Schengen. 51

CAPÍTULO III **53**

Visa y/o Autorización de Estancia por Estudios para Nacionales de Terceros Países. 53

Autorización de Estancia por Estudios para Estudiantes Comunitarios (UE). 56

CAPÍTULO IV **59**

Residencia Temporal para Extranjeros de Terceros Países. 59

Tipos de autorización de Residencia Temporal Inicial. 60

Residencia Temporal por Circunstancias Excepcionales. 67

Tipos de Arraigos: 67

Arraigo Laboral: 67

Arraigo para la formación: 69

Arraigo Social. 74

Arraigo Familiar. 79

Autorización Inicial por Razones Humanitarias. 80

Extranjeros a los que se les Concede la Autorización por Razones Humanitarias: 81

Víctimas de Violencia de Género. 81

Víctimas de Trata de Personas. 83

Enfermedad Sobrevenida. 86

CAPÍTULO V **89**

Residencia Inicial: 89

Visa para Emprendedores: 89

Visa para Trabajadores Altamente Cualificados. 92

Visa para Profesionales Altamente Cualificados Titulares Tarjeta Azul-UE. 93

Visa para Nómadas Digitales. 95

Visa de Traslado Intraempresarial. 97

Visa para Extranjeros Inversores (Visa Golden). 98

CAPÍTULO VI **101**

Residencia de Larga Duración: 101

Nacionalidad por Residencia. 102

Nacionalidad Española por Residencia para Persona Extranjera Reconocida como Refugiado: 105

    Jura de Nacionalidad Española: 105

Nacionalidad por Valor de Simple Presunción. 107

Nacionalidad por Opción: 109

Ley de Memoria Democrática (Ley de Nietos) 110

SEGUNDA PARTE RÉGIMEN DE PROTECCIÓN ESPECIAL. 117

CAPÍTULO VII 119

    Asilo y/o Protección Subsidiaria: 119

        Asilo: 119

        Protección Subsidiaria: 120

        Razones Humanitarias: 120

    Organizaciones No Gubernamentales (ONG). 120

    Centros de Acogida: 121

CAPÍTULO VIII 123

Solicitud de Protección Internacional en Territorio Español: 123

    Observaciones de Interés con Respecto a la Hoja de Resguardo. 130

Resolución Solicitud de Protección Internacional. 135

Concesión de Protección Internacional Favorable: 135

Concesión de Protección Internacional desfavorable: 135

Solicitud de Protección Internacional en Puesto Fronterizo:.. 141

TERCERA PARTE PROCEDIMIENTOS DE HOMOLOGACIÓN, CONVALIDACIÓN Y EQUIVALENCIA DE TÍTULOS EMITIDOS EN EL EXTRANJERO Y COMENTARIOS FINALES 143

CAPÍTULO IX 145

Titulación Extranjera No Universitaria. 145

CAPÍTULO X 149

Homologación y Convalidación de Estudios Extranjeros Equivalentes a títulos españoles de Educación No Universitaria. 149

CAPÍTULO XI 153

Homologación y Convalidación de Estudios Extranjeros equivalentes a títulos españoles de Formación Profesional. 153

CAPÍTULO XII 159

Homologación de títulos extranjeros de Educación Superior a títulos oficiales españoles de Grado o Máster que den acceso a Profesión Regulada en España. 159

CAPÍTULO XIII 167

Declaración de Equivalencia de Títulos Extranjeros de Educación Superior a nivel académico de Grado o Máster Universitarios oficiales. 167

COMENTARIOS FINALES 173

La Autora: 177

REFERENCIAS 181

PRESENTACIÓN

Para mí es un gran honor presentar ante ustedes la segunda obra escrita de la Abogada Cexabel Nayala Chipia Estrada; quien trabajó como Conciliadora en ejercicio y Docente, para nuestro Centro de Arbitraje y Conciliación del Colegio de Abogados de Colombia, el cual presido. Ella, obligada primero a salir de Venezuela donde se formó y ejerció como abogada laboralista, convalidó su título en nuestro país y se diplomó en Conciliación Extrajudicial en Derecho en la Universidad Católica de Colombia. Lamentablemente el destino la ha obligado a partir nuevamente a otras tierras, con más experiencias que se le suman a su excelente desempeño profesional y su pujante iniciativa. No obstante, ahora desde el Reino de España, nos sigue colaborando y asesorando en el área de Conciliación y Extranjería, a la vez que nos está acompañando en varios proyectos de nuestro equipo de trabajo.

En este sentido, sus estudios y gran experiencia desde ambas perspectivas del Derecho, como Abogada y habiendo experimentado procesos migratorios en dos países, le dan credenciales para plasmar y comentar en esta obra una visión muy especial de lo que es la normativa legal de Extranjería en España. De esta manera, en sus líneas comenta al lector lo preciso para guiar a todo aquel que desee invertir o establecerse en esas tierras ibéricas; cumpliendo todo lo necesario en el marco de la legalidad. Por lo que, de seguro éste, su nuevo libro, le será de provecho.

Bogotá, junio de 2024.

Dr. Alberto Pabón Mora: Presidente del Colegio de Abogados de Colombia y Director del Centro de Arbitraje y Conciliación. Doctor en Derecho y Ciencias Políticas, especialista en Derecho de Seguros y del Transporte y con una destacada trayectoria en el SENA y la Corporación Financiera del Transporte.

EXTRANJERÍA EN ESPAÑA 2024, Guía Práctica.

PRÓLOGO

Mi distinguida amiga y brillante profesional de las generaciones de relevo dedicadas al derecho internacional, la Abogada Venezolana Cexabel Chipia, me ha pedido que escriba unas palabras para el prólogo de su segundo libro titulado: **"EXTRANJERÍA EN ESPAÑA 2024, Guía Práctica"**, lo que para mí ha sido un gran honor. Sé del esfuerzo que es para cualquier autor el lograr sus primeros libro, siendo esto un reto enorme y digno de valorar y admirar; dejando el legado de una investigación sobre la practicidad del derecho internacional y las leyes de extranjería de un país que es destino principal e importante de muchos inmigrantes del mundo, en especial para los latinoamericanos.

Con la autora y su esposo, me une una sincera amistad y relación profesional de larga data; siendo ambos reconocidos promotores de la democracia en Venezuela y que como muchos que jamás hubiéramos querido salir de nuestro bello país, nos ha tocado emprender, vivir y establecemos en muchos países, que han acogido a gran cantidad de venezolanos. Distinción aparte la lleva nuestra madre patria España, que como buena madre ha recibido parte importante de nosotros en esta infausta hora para Venezuela, donde muchos de esos jóvenes talentosos les ha tocado buscar nuevos horizontes en tierras lejanas y ajenas.

Ahora, desde el Reino de España, a esta diligente y decidida abogada le ha tocado aplicar todos los sus conocimientos adquiridos en el ejercicio del Derecho, tanto en Colombia, como en Venezuela, para estudiar y conocer a fondo el sistema, legislación y normativa que rige la Extranjería en ese querido país ibérico. En este punto debo recalcar que, más allá de hacerlo solo desde el punto de vista de una capacitada y distinguida profesional del Derecho, lo ha tenido que hacer desde la perspectiva de una solicitante de Protección Internacional; debido a la persecución política a la que su familia se ha visto expuesta, cuestión de lo cual no deseamos ahondar en esta obra. Pues, aquí lo más importante y la cuestión que se ha de resaltar en esta impecable obra escrita, es la sinergia de lo profesional con las experiencias vividas en los arduos procesos migratorios que ha tenido que llevar adelante; lo que le da mucho más valor por lo práctica y actual que es.

Gracias a todas estas aptitudes y conocimientos profesionales, la muy estimada amiga y colega abogada la "Dra. Bel" me ha sabido guiar en la materia de Extranjería cuando realizo mis seminarios, presentaciones y conferencias de "Cómo Hacer Negocios en los Estados Unidos de América" (www.negociosconusa.com) o presento cualquiera de mis libros sobre esta materia en España.

Es por ello que, al conocer bien las grandes virtudes profesionales de esta joven y talentosa abogada, junto a su gran y pujante iniciativa, no me sorprendió la calidad y practicidad de esta obra, ahora en su versión 2024 mucho más madurada; que de seguro será muy útil para todos aquellos que deseen invertir, emprender, trabajar, establecerse o emigrar a ese gran país de la Comunidad Europea, España. Debo mencionar que todo proceso de este tipo, más allá de las exigencias que implique, está la normativa legal que todo ciudadano extranjero debe cumplir cabalmente con las leyes del país que los acoge, para el éxito de su trámite, como ciudadanos del mundo que somos todos hoy en la era de la globalización.

En este orden de ideas, la Dra. Cexabel Chipia presenta en su libro prácticamente toda la normativa que envuelve a la mayoría de los casos, donde un extranjero en España desea normalizar su situación para permanecer legalmente en dicho país, temporal o permanentemente. Cuestiones que a primera vista se pueden apreciar muy complicadas; pero, que son comentadas y explicadas en la obra de una manera fácil y fluida, al alcance de todo aquel que esté viviendo ese proceso o lo esté considerando en su futuro cercano.

En mi condición de Abogado y Empresario, llevo más de treinta años promoviendo con mi empresa: www.negociosconusa.com inversiones y emprendimientos en el estado de la Florida y el resto de los Estados Unidos de América; donde la normativa para la inmigración, extranjería e inversiones juega un papel fundamental y determinante para el éxito de los que deciden establecerse en esta gran nación. De allí que pueda apreciar en su verdadera magnitud la importancia del libro: "EXTRANJERÍA EN ESPAÑA 2024, Guía Práctica"; como una gran herramienta actualizada para toda persona con intereses en ese hermoso y querido gran país europeo. Quiero destacar que cualquier proceso que implique invertir y emigrar a otra nación no puede tomarse a la ligera. Es allí donde esta obra de seguro lo podrá ayudar en su proceso interno de toma de decisiones, así como también para salir adelante en la normalización de su estatus migratorio.

"Dra. Bel": eres un ejemplo de esos profesionales talentosos que tanto tienen para dar y compartir con los demás que lo necesiten, sigue adelante con tus inquietudes, sigue con tus investigaciones, tus trabajos literarios y sigue siendo un faro y guía para esa pléyade de nuevos y talentosos abogados. Hay que valorar a la mujer y al hombre que siempre busca crear y convertirse en esa mano amiga que suma, ese profesional inquieto que quiere ser cada día mejor.

Pero donde lo más importante en estos tiempos que vivimos es su lealtad y su compromiso con los demás, para ayudar y dar lo mejor de sí para el éxito de otros. En este sentido, con esta nueva y brillante obra que invito a todos a leer y divulgar, aquella profesional que conozco desde hace años se ha convertido en un gran referente para todos aquellos que han tenido que abandonar su país de origen y deben salir adelante ante las grandes adversidades que esto implica. De allí que sus experiencias y conocimientos les serán muy útiles.

Éxitos "Dra. Bel", y también éxitos a todos los que lean este libro, que de seguro los acercará más a sus metas y sueños. Sigamos soñando, sigamos creando y sigamos dejando un mundo mejor al que encontramos. Así somos los que plasmamos nuestras ideas en un libro, como una ventana abierta ante el mundo; una casta que tiene mucho que aportar, reproducir y multiplicar.

Miami, junio de 2024.

DR. JESÚS ANTONIO AVELEDO URDANETA
CEO & Fundador de la Firma Negocios e Inmigración a USA: NEGOCIOS USA.

aveledo@negociosconusa.com
www.negociosconusa.com

INTRODUCCIÓN

Desde muy joven, partiendo de una niñez difícil, me tocó salir adelante por mí misma, siempre teniendo en cuenta que los estudios serían la gran herramienta para mi superación; por lo que los aproveché al máximo en cada oportunidad. Posteriormente, durante mi carrera universitaria como abogado, aprendí de los mejores profesores de la Universidad Santa María de Venezuela que los estudios son esenciales; pero, si el abogado no "patea la calle" interactuando con los casos y experiencias del mundo real, jamás estará completamente formado como profesional. De esta forma, desde el primer año de estudios en Derecho, empecé a trabajar como Asistente Jurídica en diferentes y reconocidos bufetes de Caracas. Para luego seguir, lo que considero mi constante e ininterrumpida formación, ejerciendo como profesional; tanto empleada de la Administración del Estado, como profesional de libre ejercicio especializada en Derecho Laboral y Corporativo.

Adicionalmente, lo que para la mayoría ha sido algo sumamente traumático, para mí se ha convertido en una, aunque muy difícil, gran oportunidad de aprender y enriquecer mis experiencias profesionales. Esto por simple necesidad y obligación, en todo lo relativo a Migración, Extranjería y Derecho Internacional Humanitario. Así, esta nueva etapa de mi vida se inició con mi intempestiva salida a Colombia, tierra maravillosa, donde logré convalidar mi título como Abogada e inscribirme en el Consejo Superior de la Judicatura y también como Conciliadora Diplomada en Derecho, acreditada ante el Ministerio de Justicia de Colombia. Luego, varios años después, por las mismas razones de persecución política en mi país, cuyas amenazas se extendieron hasta Colombia, me vi obligada a huir nuevamente y, después de un largo proceso, lograr el reconocimiento de mi título de abogada en el Reino de España.

De esta forma, inicié y continué un arduo recorrido de mucha preparación y estudio, lo que me llevó con el transcurrir de los años a conocer e interpretar la legislación como jurista, académica y como directa afectada; lo que me da una visión muy poco común para un profesional del derecho en materia de Extranjería.

Por recorridos sin descanso ante los diferentes organismos administrativos e innumerables ONG, logré obtener una apreciación más cercana y real. Al punto, que en la actualidad imparto seminarios de Derecho en la Comunidad Autonómica donde resido; donde además de aplicar mis metodologías didácticas, también estoy presta a colaborar con mis alumnos ante las diferentes situaciones que estén viviendo. Ya que mi fin docente y académico es lograr que, de una forma u otra, ellos puedan centrarse y lograr con éxito la Oposición.

Pues sencillamente, sé lo que es ser un migrante, las vicisitudes que se pasan y las necesidades por la que se atraviesa. Ya que no solo basta ser o llegar a ser Ciudadano Español; pues si provienes de otro país, muchas veces, el trato no se escapa de barreras tan arraigadas. En este sentido aprecié de primera fuente, con una estudiante suramericana ya con su DNI asignado como española, como le fueron vulnerados sus derechos para un trámite; exigiéndole un documento que no era procedente. Tanto así, que el mismo procedimiento iniciado por la vía presencial, sin éxito, se completó favorablemente por el sistema CL@VE en pocos minutos.

Por esta razón, he llevado adelante mi Consultoría Especializada en Extranjería y Laboral, la cual lleva por nombre EXTRANJERIA Y INTERMEDIACION; que está dirigida a personas que ya se encuentran en territorio español; como para aquellas que se encuentran fuera del mismo, bajo el lema de honestidad, transparencia, excelencia y compromiso para con mis clientes. Que no necesariamente se limitan a personas con una delicada situación migratoria; sino también mis servicios están dirigidos a aquellas personas que deseen disfrutar de estas hermosas y amigables tierras ibéricas, como visitante de larga estadía o deseos de inversión y emprendimiento.

Ya esta obra, es mi segundo libro sobre el tema. Hacer el primero fue toda una experiencia enriquecedora, desde su confección, hasta su publicación e interacciones generadas a través de éste y por éste. La acogida de mi libro fue muy positiva; recibiendo agradables comentarios por su apropiado contenido, como una herramienta que facilita a los interesados sus arduos y complicados procesos migratorios. No obstante, sí recibí serias críticas. Pero no dirigidas al contenido, ni a la forma del libro; sino más bien a mi "osadía" por publicarlo. Cuestión que, incluso, viví mucho antes que mi guía práctica pasara del ordenador a la "tinta y el papel" de mi primera versión.

Así, durante el proceso preliminar de investigación que realicé para completar el primer libro, dos personas a las que respeto mucho me hicieron sabias acotaciones. Una de ellas es reconocida abogada en materia de extranjería; la otra es una experimentada escritora. De todos sus comentarios, ambas coincidieron de buena fe con la siguiente pregunta: ¿Quién era yo para escribir un libro sobre esta materia tan compleja? Más aún, tomando en cuenta que soy originaria de otro país y tenía (para aquellos días), relativamente, poco tiempo en España. A ellas, con mi máxima consideración y admiración ¡les doy la razón!

Mis libros, tanto la primera versión, como esta obra que ahora tienen en sus manos, actualizada y mucho más madurada, lejos de ser un profundo análisis sobre la materia es como su título y subtítulo describen: una guía práctica sobre extranjería en España. La cual está destinada a informar al público en general, con un lenguaje llano, sobre como son los procedimientos por seguir en esta materia; describiendo la mencionada legislación y normativa asociada, junto con mis comentarios en forma de guiatura. Todos éstos basados en una recopilación sistemática de experiencias, propias y ajenas, sobre la realización de los procesos aquí descritos.

Para tales fines, mi experiencia profesional en Venezuela y Colombia, a las que le sumo mis estudios e investigaciones desde España, me dan la facilidad para recopilar, sintetizar y presentar ante ustedes, obviando formalismos académicos, una información aprovechable, metódica, fluida y de fácil entendimiento para el público en general. Aquí está el resultado de mi investigación, la cual espero que les sea útil; pues las experiencias de tanta gente entrevistada originaria de varios países, más las propias, se tenderán a repetir cuando a una persona interesada le toque llevar los mismos procesos. Amén de que toda legislación y normalización, de por sí, estandariza los procedimientos para su fácil y fiel cumplimiento.

De esta forma, diseñé el formato de esta guía iniciándola con un índice bien detallado, hasta un tercer nivel de títulos y subtítulos; de manera que cualquier persona que lo consulte pueda dar rápidamente con el aparte que desee revisar. Posteriormente, y después de las palabras y párrafos protocolares de Dedicatoria, Agradecimientos, Presentación, Prólogo e Introducción, se inicia la Primera Parte dedicada a describir y explicar el Régimen General de Extranjería; dirigido a todas aquellas personas que deseen visitar, invertir, emprender o pasar una larga estadía en España.

En la Segunda Parte, se trata todo lo relativo al Régimen Especial y a la aplicación del Derecho Internacional Humanitario en el país; donde se describen los casos como las solicitudes de Asilo y Protección Internacional Humanitaria, así como los diferentes procesos que deberá cumplir un migrante para regularizar su situación.

Ya para la Tercera Parte, se desarrolla toda la normativa que deberá seguir un ciudadano extranjero para homologar o validar cualquier título, de nivel universitario o no, que haya sido obtenido por estudios fuera de España; de manera que le sean aplicables en el país para trabajar o realizar estudios más avanzados. Para, de esta forma, usted pueda aportar un mayor nivel de conocimientos a este hermoso país que le ha dado acogida.

Para el cierre de esta guía, hago mis palabras finales y presento ante ustedes en la Bibliografía todas las leyes pertinentes a la legislación de Extranjería en España, así como otras normativas vigentes y relacionadas con sus procesos. De igual forma, coloco todos los enlaces web consultados y referenciados en esta obra.

Como ya he comentado, esta guía está diseñada y dirigida al público en general, sin mayores conocimientos legales; para orientarlos en los procedimientos a seguir llevando a cabo un proceso para larga estadía, de migración o de inversión; así como para mostrar las diferentes opciones y trámites que permite la legislación en materia de Extranjería en España. Sobre esto, se considera importante destacar que, aunque la información aquí contenida también le sería útil a profesionales del Derecho y especialistas del área como una guía de consulta rápida, esta obra carece de la debida profundidad del análisis requerido para esos altos niveles de las Ciencias Jurídicas. Pues buscarle dicho alcance y darle a la obra el requerido lenguaje y una estructura académica, aparte de considerarlo una verdadera osadía de mi parte, se alejaría verdaderamente del objetivo primordial de esta obra; que es informar y guiar al ciudadano común sobre esta parte de la legislación y normativa española para extranjeros.

Finalizo esta introducción haciendo una invitación abierta a todos los juristas y demás especialistas en la materia de Extranjería en España, para que realicen sus observaciones, críticas y demás comentarios sobre esta guía que pongo a disposición del público en general. De igual forma, extiendo dicha invitación a los lectores y todas aquellas personas que han realizado o están realizando sus trámites para invertir, pasar una larga temporada o establecerse legalmente en este hermoso país ibérico. Tengan la seguridad que todos sus aportes serán bien recibidos y tomados en cuenta para las futuras revisiones y ediciones de esta obra. Espero que la disfruten y les sea de utilidad.

Contacto con la autora:

www.cexabelchipia.com
intermediacionyextranjeria@gmail.com
www.solucapglobal.com
linkedin.com/in/cexabelchipiaestrada

DEDICATORIA.

Este libro va dedicado primeramente a Dios y a mi amada Virgen de Guadalupe, nuestra protectora y a quién le debemos estar a salvo. Ella siempre presente en la vida de mi pequeña hija, de igual forma protegiéndonos y cuidándonos con su manto bendito.

A mi esposo, quien me incentivó a escribir esta guía orientativa, sin fines académicos, de fácil acceso para todos los lectores en función de mis experiencias personales como migrante y profesional del Derecho en varios países. Todo el mérito para él, quien se ha encargado como escritor experimentado de realizar la respectiva revisión y edición, en virtud de sus conocimientos y trayectoria.

A mi padre, gracias por estar hoy en día presente y siempre desearme lo mejor en cada proyecto que emprendo. Sé que hemos pasado momentos difíciles en nuestras vidas; sin embargo, a pesar de ello y en silencio, te he llevado en mis pensamientos y en mi corazón como el gran amor de vida.

A esa familia maravillosa que la vida me ha regalado, quienes han estado de forma incondicional durante las diferentes etapas que hemos vivido durante estos años, ayudándonos a salir adelante tanto emocional, económica y laboralmente sin esperar nada a cambio.

Sobre todo, por esos hijos que adoptó mi corazón, Eugenia y Luis Antonio que han sido una compañía enorme en esta travesía tan difícil y dolorosa; quienes han sido de suma importancia y piezas fundamentales en el crecimiento de mi pequeña Isabella.

A mis peluditos Chase, Runa, Pipa y Samy, gracias por vuestra compañía, por ser nuestra luz, por levantar nuestro ánimo, por darnos amor y hacernos sonreír con vuestras ocurrencias, por cuidarnos y, sobre todo, acompañarme en esos días enteros de escritura y enfoque.

Gracias mi bella Samy por ser mi hermosa estrella, espero que donde estés brilles con tus hermosas travesuras; siempre estarás en mi corazón, mi hija; perruna descansa en paz y se feliz bebita de mami.

A mis madres de vida Aby, Ibis y Sor Begoña; así como a mi padre de vida, Tico, que sé que donde quiera que te encuentres nos bendices.

Mis hermanas y amigas de vida Cori, Sofi y Ale por siempre estar a mi lado y siempre dispuestas a escucharme.

Al viejo L. E. por ser un hermano para mí, por escucharme y por ser un digno ejemplo de honestidad y lealtad.

A mis tíos de vida: Esther, Paul, Helena, Papi y Pancho por su apoyo incondicional y ese amor sincero.

Finalmente, para esta nueva familia de vida que nos ha dado su cobijo en España: Silvia, Juani, Tía Tere, Sole, Icíar, Isaac, Víctor, Ana, Rubén, Lore, Maribel, José Antonio, Javi, María, Rosi y Álvaro, quienes nos abrieron sus puertas desinteresadamente y le han dado un cariño puro a mi princesa Isabella; gracias por ser tan especiales. Tampoco olvidamos a Emily y a Ele, quienes desde la distancia nos guiaron a este hermoso pueblo lleno de gente maravillosa.

...y para todas aquellas personas que siempre han estado presentes en nuestras vidas, en el transcurrir de toda esta gran aventura migratoria, complicada, pero de mucho aprendizaje.

AGRADECIMIENTOS.

Agradezco al Ilustre Colegio de Abogados de Colombia, a través de su Presidente Dr. Alberto Pabón, por tomarme en cuenta durante estos años como parte de su equipo de colaboradores, grupo docente y como conciliadora en Derecho.

A Raíza Padrino por esos años de amistad; a quien considero una excelente profesional, tanto en Venezuela como en Colombia, especialista en Derecho Administrativo.

A AMR Construcciones y las empresas de la familia Muñoz, su personal y sobre todo su alta gerencia: Alfredo, Juan, Alfredo "Papi" y el tío Roberto, por permitirme la oportunidad de conocer y aprender de ustedes.

Al Dr. Jesús Aveledo, por su guía y amistad de varios años; así como por su gran ejemplo como abogado y escritor, y quien me incentivó para hacer realidad este libro. Gracias especiales por honrarme al prologar impecablemente esta obra.

A mi querida Sor Begoña, quien nos ayudó en la travesía y para que cayéramos en buenas manos a nuestra llegada a Madrid; siempre compañera y gran luchadora como maravillosa Agustina que es.

A la Hermana Francisca, quien nos acogió en el Hogar SAGRADO CORAZÓN de Madrid; quien junto a sus Hermanas se encargaron de aportarnos la paz y refugio que tanto necesitábamos.

Al Dr. Gonzalo Quiroga Ferró, quien desde Galicia y de una forma desinteresada siempre ha estado presto para ayudar y colaborarme.

A Pedro Arambarri Escobedo, Trabajador Social con gran calidad humana y pasión por ayudar, quien nos ha orientado en esta travesía inicial por estas tierras ibéricas.

A María, orfebre y joyera; quien con su gran noción como Autónoma me ha dado maravillosos consejos y ejemplo.

A Javi, quien en momentos complicados me ha abierto las puertas del Bar "La Lola" para poder gestionar mis teleconferencias y siempre ha estado presto a ayudarnos de forma incondicional.

A la Licenciada Inés Covo Fernández Directora Adjunta del Banco Santander, por esas asesorías maravillosas y apoyo constante, tanto para mí, como para todos sus clientes; dejando siempre muy en alto el nombre de esa reconocida entidad financiera que representa.

Al Dr. Eduardo Monteverde, adorado sobrino de vida que amo, gracias por tus conocimientos y ese apoyo durante estos años, tanto en Venezuela, como en Colombia y ahora desde los EE. UU.

Al Padre Domingo y al gran equipo de su parroquia, quienes con su gran labor hacen que la vida del migrante y el necesitado sea mucho más llevadera.

...y sobre todo gracias a todas aquellas personas que a través de sus comentarios y experiencias de vida me han motivado a dar el todo por el todo, en este proyecto que tiene la única labor de ayudar a través de mis vivencias como migrante y profesional.

A este hermoso país, España y su gente, que nos han recibido con los brazos abiertos.

PRIMERA PARTE
RÉGIMEN GENERAL DE EXTRANJERÍA.

EXTRANJERÍA EN ESPAÑA 2024, Guía Práctica.

CAPÍTULO I

NOCIONES GENERALES:

Oficinas de Extranjería e Inmigración:

Son unidades que dependen orgánicamente de la correspondiente Delegación o Subdelegación de Gobierno y, funcionalmente, del Ministerio de Trabajo e Inmigración y del Ministerio del Interior, para el ámbito de sus respectivas competencias. Se encuentran ubicadas en las capitales de Provincia y Comunidades Autónomas, pudiendo excepcionalmente generarse una ubicación de oficina en una población diferente a una capital; eso sí, previo acuerdo con la Secretarías de Estado de Migraciones y de Seguridad Social, que está bajo la potestad del Ministerio de Política Territorial. Esto, con el fin de facilitar los trámites administrativos de los interesados.

Estas oficinas están compuestas por los jefes de oficinas, quienes están facultados para emitir ciertos criterios de acuerdo con las instrucciones y normativas establecidas. La función que se les atribuye es la de tramitación, expedición y entrega de documentación.

Sin perjuicio de la competencia atribuida a los jefes de oficina, corresponderá a los servicios policiales adscritos a ella: la asignación y comunicación del Número de Identidad de Extranjero **(NIE)** y la emisión de Certificados de Residente y No Residente; la tramitación de las autorizaciones de regreso; la grabación en el Registro Central de Extranjeros de los cambios y alteraciones de la situación de los extranjeros, previstos en el Título XV, Capítulo I artículo 259 y siguientes;

Título XIII, Capítulo IV, artículo 213 y siguientes del Real Decreto 577/2011.

Tarjeta de Identidad Extranjero (TIE).

Es un documento físico e intransferible que será otorgado al extranjero cuando su permanencia sea superior a seis meses. La TIE acredita la estancia del extranjero titular de una visa por un periodo determinado, permitiéndole así permanecer de forma legal en territorio español.

En esta tarjeta, previa solicitud, pueden figurar los hijos menores no emancipados, así como alguna persona con incapacidad que esté bajo el cuidado del extranjero titular. Con ésta, el extranjero tendrá derechos y responsabilidades, las cuales deberá cumplir cabalmente a fin de evitar sanciones.

Sobre este punto, para solicitar la TIE, es necesario seguir estos pasos:

1. Solicitar una cita previa dentro de los 30 días siguientes a su necesidad:

    - A través de la sede electrónica de la administración: sede.administracionespublicas.gob.es.
    - Por teléfono, dependiendo de la provincia en la que se encuentre.

2. Para la cita de toma de huellas:

    - Presentarse con el pasaporte vigente.
    - Llevar el formulario EX17 completado.
    - Realizar el pago de la tasa con el modelo 790 código 012, marcando la casilla correspondiente.

- Una fotografía tipo carnet con fondo blanco.
- Si tiene menores a su cargo y tienen asignado un NIE, solicite una cita aparte para ellos (mismo día) y acuda con la documentación arriba requerida por cada uno. Recuerde llenar la casilla número 2 y firmar el formulario como representante legal.

3. Después de la cita:
   - Se le entregará una hoja de resguardo de solicitud o renovación de la TIE, con sus datos identificativos, fecha de expedición y validez.

4. Para recoger la TIE:
   - Solicitar una cita previa, igual que el paso 1, seleccionando la opción Policía-Recogida de Tarjeta de Extranjero (TIE).
   - Se recomienda revisar la página web para confirmar si la fecha para recibir su tarjeta está disponible; especialmente porque las citas se agotan rápidamente y se abren con un mes de antelación (esto aplica en varias Provincias).
   - Presentar su documento de identidad vigente (pasaporte, título de viaje o cédula de inscripción) y la hoja de resguardo.
   - Los menores deben asistir con su representante legal de forma obligatoria.

Es importante tener en cuenta que las modificaciones que impliquen alteración de la situación legal en España del titular de la TIE, así como de su situación laboral (incluyendo las renovaciones), determinarán la expedición de una nueva tarjeta adaptada al cambio o alteración del estatus producido, con la vigencia que determine la resolución que conceda dichas modificaciones.

Número de Identificación de Extranjero (NIE).

El Número de Identidad de Extranjero (NIE) es un documento esencial para los extranjeros en España, que se puede obtener de dos maneras:

1. En el país de origen: A través de las Oficinas Consulares, según la demarcación residencial del solicitante.
2. En España: Directamente desde la Dirección General de la Policía, siempre que el solicitante cumpla con las leyes de permanencia en el país.

Este número es único, exclusivo, permanente y es necesario para la identificación del extranjero en España, conforme al Título XIII, Capítulo I del artículo 206 del Real Decreto 577/2011.

Pasos para solicitar el NIE:

1. Solicitar una cita previa en la Oficina de Extranjería o Comisaría de Policía correspondiente.
2. Asistir a la cita con el formulario EX-15 completado y firmado.
3. Presentar el original y copia del pasaporte, documento de identidad, título de viaje o cédula de inscripción vigente.
4. Justificar las razones económicas, profesionales o sociales de la solicitud.
5. Pagar la tasa mediante el modelo 790 código 012.

Es importante destacar que el NIE no autoriza estancias, residencia o trabajo en España sin los permisos correspondientes. El uso fraudulento del NIE puede resultar en sanciones significativas.

Tarjeta Comunitaria.

Es una autorización para familiares de ciudadanos comunitarios que pretendan permanecer en territorio español por un periodo mayor a tres meses; el cual le permitirá residir y trabajar de acuerdo con las siguientes consideraciones:

1. Para que un familiar pueda optar por esta tarjeta, el ciudadano comunitario deberá demostrar por cualquier medio recursos económicos suficientes para la manutención de todo el grupo familiar. Aplica solo para: cónyuge, pareja de hecho, hijos, ascendientes directos, con algunas excepciones.

2. En el caso de que el ciudadano comunitario no ejerza ninguna actividad lucrativa, puede aportar cuentas bancarias, préstamos y créditos bancarios, subvenciones, posesión de bienes muebles, inmuebles e inversiones.

Para este procedimiento, la autorización inicial será establecida por un periodo de tiempo de cinco años; pudiéndose, antes del vencimiento del lapso, solicitar la residencia permanente. El trámite podrá realizarse ante la oficina de extranjería presentando: pasaporte vigente; documentos que acrediten el vínculo con el ciudadano comunitario; justificación de medios económicos suficientes; documentos que acrediten la actividad que desarrolla el ciudadano comunitario, bien sea por cuenta ajena o propia; certificado donde se evidencie que posee un seguro de salud, bien sea público o privado; modelo EX19 debidamente cumplimentado; entre otros documentos que puedan ser requerido por la autoridad de acuerdo con el Real Decreto 987/2015 que modifica el artículo 2 bis del Real Decreto

240/2007 y el Real Decreto 1710/2011 que modifica el apartado 4 del artículo 8 del Real Decreto 240/2007[1].

Si el ciudadano comunitario no tienes suficientes recursos económicos para demostrar, existen algunas opciones y consideraciones que puedes tener en cuenta al solicitar la tarjeta comunitaria como presentar documentos que respalden su situación financiera, declaraciones de impuestos, certificados de ingresos, o cartas de apoyo de familiares.

De acuerdo con el pronunciamiento del Tribunal Supremo en STS-5747-2023, se enfatiza la necesidad de considerar una variedad de factores más allá de los recursos económicos al evaluar las solicitudes de residencia temporal para familiares de ciudadanos comunitarios. Además, indica que la Administración debe evaluar de manera integral la situación de la unidad familiar, teniendo en cuenta no solo los recursos económicos, sino también otras circunstancias personales y

---

[1] Real Decreto 987/2015, de 30 de octubre, por el que se modifica el Real Decreto 240/2007, de 16 de febrero, sobre entrada, libre circulación y residencia en España de ciudadanos de los Estados miembros de la Unión Europea y de otros Estados parte en el Acuerdo sobre el Espacio Económico Europeo. Real Decreto 1710/2011, de 18 de noviembre, por el que se modifica el Real Decreto 240/2007, de 16 de febrero, sobre entrada, libre circulación y residencia en España de ciudadanos de los Estados miembros de la Unión Europea y de otros Estados parte en el Acuerdo sobre el Espacio Económico Europeo. Directiva 2004/38/CE del Parlamento Europeo y del Consejo, de 29 de abril de 2004, relativa al derecho de los ciudadanos de la Unión y de los miembros de sus familias a circular y residir libremente en el territorio de los Estados miembros, por la que se modifica el Reglamento (CEE) nº 1612/68 y se derogan las Directivas 64/221/CEE, 68/360/CEE, 72/194/CEE, 73/148/CEE, 75/34/CEE, 75/35/CEE, 90/364/CEE, 90/365/CEE y 93/96/CEE (DO L 158 de 30.4.2004)

familiares. Asimismo, es importante resaltar que puede haber excepciones o alternativas según su situación personal.

Trabajadores Transfronterizos.

Ciudadanos comunitarios que realizan una actividad, por cuenta propia o ajena, en un país distinto al de su residencia; regresando a su domicilio como mínimo una vez por semana, dependiendo de los convenios suscritos por España en relación con la situación fiscal y laboral que le ha de corresponder.

Para este tipo de trabajador y sus impuestos, todo dependerá del lugar donde tenga la residencia fiscal el trabajador transfronterizo.

Para aquellos que posean una residencia fiscal en España, le corresponderá por ley ser contribuyente con relación al Impuesto sobre la Renta de las Personas Físicas (IRPF) y tributará por su renta mundial. De NO ser residente, le corresponderá tributar por el Impuesto sobre la Renta de No Residentes (IRNR); es decir, deberá tributar por todos aquellos rendimientos obtenidos en territorio español, tal como lo estable el Título X articulo 182 y siguientes del Real Decreto 577/2011.

Teletrabajadores Transfronterizos.

No es más que el trabajo realizado en uno o varios Estados miembros distintos de aquel en el que están situados los locales o el domicilio del empresario con sus excepciones. Éste se basa en las tecnologías de la información (TICs) para permanecer conectado con el entorno de trabajo del empleador o de la empresa, así como con los clientes, a fin de cumplir las tareas asignadas al trabajador.

Los beneficiarios de este acuerdo marco, previa solicitud, se regirán por la legislación del Estado en el que el empresario tenga su sede o su domicilio; siempre que el teletrabajo sea realizado en el Estado de residencia y sea inferior al 50% del tiempo de trabajo total.

Es importante destacar que este acuerdo no es aplicable para los autónomos que trabajen por cuenta propia, para aquellos que ejerzan habitualmente una actividad distinta del teletrabajo transfronterizo en el Estado de residencia y a quienes ejerzan habitualmente una actividad en un Estado distinto de los que han ratificado el acuerdo.

Para efectos de este tipo de Teletrabajadores, el acuerdo ha sido firmado por Alemania, Suiza, Liechtenstein, República Checa, Austria, Países Bajos, Eslovaquia, Bélgica, Luxemburgo, Finlandia, Noruega, Portugal, Suecia, Polonia, Croacia, Malta, España y Francia con fecha de 30 de junio de 2023.

El Acuerdo Marco relativo a la aplicación del Apartado 1 del artículo 16 del Reglamento (CE) Nro. 883/2004 tendrá un periodo de cinco (5) años, prorrogable por cinco (5) años más y entró en vigor el 01 de julio de 2023.

Silencio Administrativo en Extranjería.

Cuando el interesado interpone una solicitud para el acceso, bien sea a una autorización inicial, de larga duración o de prórroga, ante el órgano administrativo competente y la Administración no emite ningún pronunciamiento al respecto, o emitido el pronunciamiento no ocurre notificación expresa al solicitante dentro del plazo máximo establecidos en el ordenamiento jurídico español para tal fin, ocurre lo que es denominado como "silencio administrativo"; que no es más que la estimación o desestimación tácita de la solicitud formulada a la Administración. Es decir que, el silencio administrativo se entiende como un pronunciamiento tácito de la Administración; razón por la cual tiene el mismo carácter y los mismos efectos de un acto administrativo finalizador de procedimiento de acuerdo con el artículo 24.2 de la Ley 39/2015 de Procedimiento Administrativo Común de las

Administraciones Públicas (LPACAP). Lo que significa que el mismo es oponible o se puede hacer valer frente a terceros; pero, también abre la posibilidad de ser impugnado (recurrible) ante la jurisdicción contencioso-administrativa.

Ahora bien, como se dijo anteriormente, el silencio administrativo puede ser estimatorio o desestimatorio; o, dicho de otro modo, el silencio administrativo puede ser positivo o negativo. Así, en materia de extranjería en lo que respecta a los tramites de autorización inicial, la falta de pronunciamiento por parte del órgano correspondiente (extranjería) se entenderá como silencio negativo; mientras que, en las renovaciones o prórrogas, se entenderá como silencio positivo.

Aquí es indispensable destacar que en relación con el silencio administrativo positivo se podrá solicitar el certificado acreditativo, para que en un lapso prudencial la Administración emita la respectiva resolución. Sobre este punto, se debe hacer la salvedad que, en la actualidad existe un retraso significativo en algunas oficinas por gran volumen de solicitudes (Barcelona, Madrid, Murcia, Alicante, Almería, entre otros.) para la emisión de una Resolución. En estos casos se deberá tomar en cuenta el plazo medio de otras resoluciones, como punto de referencia; de igual forma se precisa toda la información en la Disposición Adicional Primera de la Ley Orgánica 4/2000.

Recurso de Reposición.

Es un recurso que tiene carácter potestativo. Éste se ha de interponer ante el órgano administrativo que emitió la Resolución, directamente por el mismo interesado o representante debidamente acreditado, con el fin de que sea revisada la decisión (revocada o confirmada) y se ponga fin a la vía administrativa[2].

Plataforma de Extranjería "MERCURIO".

Es un sistema implementado para dar facilidad a los trámites de solicitudes para autorizaciones iniciales y renovaciones vía telemática. Pudiendo ser realizados directamente por el extranjero o por su representante, sea este un trabajador social, un abogado o un gestor; siempre y cuando estén dados de alta ante el colegio correspondiente. De igual forma, deberán tener el respectivo acceso a través del "Certificado Digital" o "DNI electrónico" (sistema Cl@ve)[3].

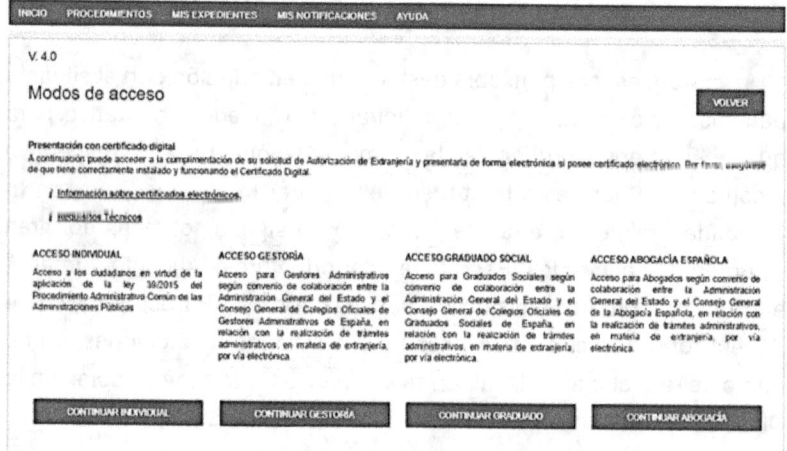

Captura de Pantalla de la Plataforma "MERCURIO".

---

[2] Ley Orgánica 4/2000, del 11 de enero, sobre derechos y libertades de los extranjeros en España y su integración social. Ley 39/2015, de 1ro de octubre, del Procedimiento Administrativo Común de las Administraciones Públicas.

[3] Acceder al manual de usuario de la plataforma Mercurio extranjería a través de la página web sede.administracionespublicas.gob.es.

Derechos, libertades y obligaciones de los extranjeros en el Reino de España.

Los extranjeros no comunitarios gozan de derechos que resultan imprescindibles para la garantía de la dignidad humana, en igualdad de condiciones, conforme a la Declaración Universal de Derechos Humanos y a los tratados y acuerdos internacionales vinculantes y de obligatorio cumplimiento para los estados que lo han suscrito. En tal sentido, el Tribunal Supremo en unas de sus sentencias se ha manifestado al respecto, haciendo referencia que se trata de un derecho de configuración legal y éste queda supeditado al cumplimiento de los requisitos establecidos, tanto en la legislación interna como en los convenios suscritos en este caso por el Reino de España.

Cabe destacar que, los extranjeros independientemente de su situación gozarán de los derechos y deberes establecidos en la Constitución Española de 1978 y el ordenamiento jurídico español; de igual forma, hay que destacar que el extranjero tendrá el deber de conservar, así como de acreditar su situación legal, teniendo la libertad de circulación y de residir en la provincia donde éste considere; siempre teniendo presente que deberá empadronarse. Este Padrón deberá ser renovado cada dos (02) años si el extranjero no comunitario no tiene la residencia permanente.

De no realizarlo, se podrá generar la baja por caducidad y una serie de consecuencias negativas para el mismo; ya que éste será el medio de justificación para poder acceder a ciertos tramites como: acceso a la escolarización en Educación Primaria (EP) y Educación Secundaria (ESO) de forma obligatoria y gratuita, partiendo con una edad estimada de seis años, hasta los dieciséis años, para luego, pudiendo decidir terminada la ESO, si accede a los estudios de Bachillerato Postobligatorio u optar a los ciclos formativos de grado medio; asistencia sanitaria a través del sistema público como medio de previsión para sí y su grupo familiar, accediendo al servicio médico y farmacéutico con la respectiva tarjeta sanitaria, siempre y cuando cumpla con los requisitos establecidos para su otorgamiento; asistencia jurídica gratuita, siempre que la persona lo requiera y no posea recursos económicos suficientes para acceder a una representación privada, pudiendo así acudir a un abogado adscrito al turno de oficio (principio de igualdad y el derecho a la tutela efectiva) tal como lo determina el Título I, Capítulo I, artículo 3 y siguientes de la Ley Orgánica 4/2000[4].

Reagrupación Familiar.

Aplica para el extranjero, no comunitario, titular de una autorización de residencia legal en territorio español (un año como mínimo y haber obtenido autorización para residir por, al menos, otro año más) que requiera, previo cumplimiento de los requisitos de ley ante las autoridades administrativas, la posibilidad de habilitar una autorización temporal de residencia y trabajo para sus ascendientes,

---

[4] Ley Orgánica 4/2000, del 11 de enero, sobre derechos y libertades de los extranjeros en España y su integración social. Real Decreto 557/2011, de 20 de abril, por el que se aprueba el Reglamento de la Ley Orgánica 4/2000, sobre derechos y libertades de los extranjeros en España y su integración social, tras su reforma por Ley Orgánica 2/2009. Ley 16/2003, de 28 de mayo, de cohesión y calidad del Sistema Nacional de Salud. Real Decreto-ley 7/2018, de 27 de julio, sobre el acceso universal al Sistema Nacional de Salud. Ley Orgánica 3/2020, de 29 de diciembre, por la que se modifica la Ley Orgánica 2/2006, de 3 de mayo, de Educación. Instrumento de Ratificación de la Convención sobre los Derechos del Niño, adoptada por la Asamblea General de las Naciones Unidas el 20 de noviembre de 1989.

descendientes o cónyuge con el fin de poder reunirse con su grupo familiar justificando medios económicos de acuerdo al IPREM.

Para unidades familiares que incluyan dos miembros, se exige una cantidad mensual del 150 % del IPREM, que equivale para el año 2024 un monto de 900 euros.

Por cada miembro adicional se sumará el 50% del IPREM; unos 300 euros.

Para llevar a cabo la solicitud de Reagrupación Familiar[5] se deberá aportar los siguientes documentos (si la autoridad competente lo estima necesario podrá exigir otros documentos adicionales):

- Llenar Forma Modelo EX02
- Copia del pasaporte completo, título de viaje o cédula de inscripción en vigor del reagrupante.
- Copia de la documentación que acredite que cuenta con empleo y/o recursos económicos suficientes para atender las necesidades de la familia:
    o En caso de realizar actividad lucrativa por cuenta ajena:
        - Copia del contrato de trabajo y nóminas de los últimos seis meses.
        - En su caso, última declaración del IRPF.
    o En caso de realizar actividad lucrativa por cuenta propia:
        - Acreditación de la actividad que desarrolla.

---

[5] Directiva 2003/86/CE de 22 de septiembre regula este beneficio, como también el Título IV, Capítulo II artículo 52 y siguientes del Real Decreto 577/2011 con ciertas modificaciones aplicadas en unos de sus artículos por el Real Decreto 629/2022.

- En su caso, última declaración del IRPF o las dos últimas declaraciones trimestrales de IRPF.
  - En caso de no realizar ninguna actividad lucrativa en España: cheques certificados, cheques de viaje o cartas de pago o tarjetas de crédito, acompañadas de una certificación bancaria de la cantidad disponible como crédito de la citada tarjeta o certificación bancaria.
- Documentación acreditativa de disponer de vivienda adecuada.
- Para ello deberá adjuntar informe expedido por el órgano competente de la Comunidad Autónoma del lugar de residencia del reagrupante. El informe podrá ser emitido por la Corporación Local cuando así se haya establecido por la Comunidad Autónoma.
- Título que habilite la ocupación de la vivienda.
- Copia del pasaporte completo y en vigor o del título de viaje del reagrupado.
- Copia de la documentación acreditativa de los vínculos familiares o de parentesco o existencia de la unión de hecho o de la representación.

- En el supuesto de reagrupar al cónyuge o pareja:
  - Declaración jurada del reagrupante de no residir con él en España otro cónyuge o pareja.
  - Si está casado en segundas o posteriores nupcias, resolución judicial que fije la situación del cónyuge anterior y de sus hijos.

- Si son reagrupados por un solo progenitor: documentación acreditativa de ejercer en solitario la patria potestad, tener otorgada la custodia, o de que el otro progenitor autoriza su residencia en España.

- En el supuesto de hijos:
    o Si son mayores de dieciocho años y no son objetivamente capaces para proveer sus propias necesidades, documentación acreditativa.
    o Si son hijos adoptivos, resolución por la que se acordó la adopción.

- En el supuesto de representados por el reagrupante:
    o Si son mayores de dieciocho años y no son objetivamente capaces para proveer sus propias necesidades, documentación acreditativa.

- En el supuesto de reagrupar a ascendientes:

    o Documentación acreditativa de que el reagrupante durante el último año de residencia en España ha transferido fondos o soportado gastos del ascendiente.

    o Documentación acreditativa de las razones que justifican la necesidad de autorizar la residencia en España (A título informativo, se podrá presentar, entre otra documentación, aquella que acredite la situación familiar, social, económica, patrimonial y/o el estado de salud del ascendiente a reagrupar en su país de origen).

    o En su caso, documentación que acredite que concurren razones humanitarias que justifiquen la autorización.

    o Documentación acreditativa de tener garantizada asistencia sanitaria.

La exigencia de dicha cuantía podrá ser aminorada de acuerdo con el principio del interés superior del menor y con las circunstancias del caso en concreto; valorando edad, desarrollo físico y emocional, relación con su reagrupante y el número de miembros que conforma la unidad familiar.

Igualmente, la cuantía podrá ser minorada en relación con la reagrupación de otros familiares por razones humanitarias previo informe de la Dirección General de Migraciones.

Sistema de Entrada y Salida (SES O EES).

Es un sistema implementado de forma automatizada por parte de la Unión Europea (UE), con el fin especifico de llevar un control muy exhaustivo, tanto de entrada como de salida, de todos aquellos ciudadanos nacionales no comunitarios (tercer país).

CAPÍTULO II

Estancia de Corta Duración sin Visado:

Es una estancia que consta de una permanencia por un periodo no mayor a tres (03) meses. Allí, en el caso de requerir excederse de dicho período de estancia, se deberá solicitar antes de culminar el lapso inicial de noventa (90) días una prórroga; a través de Cita Previa o presencial, según corresponda, presentando el formulario **EX00** por circunstancias excepcionales, sea por salud, familia o cualquier otra situación que esté debidamente fundamentada ante la autoridad de extranjería.

Para ello, tendrá que justificar por cualquier medio y de forma fidedigna fondos suficientes para su sostenimiento durante la permanencia en territorio español; el cual, a partir de este año 2024, el monto equivalente por persona es de €113,40 por día; para un mínimo de €972,00 o su equivalente en moneda extranjera; tendrá que estar en posesión de un documento que le identifique, tal como, pasaporte o documento de viaje en vigor (que no esté vencido); aportar seguro médico de viaje en función del tiempo de permanencia el cual estará soportado por el billete aéreo con fecha de salida y retorno al país de origen (obligatorio); reserva de hospedaje y circuito turístico, si aplicare, o estar en posesión de una carta de invitación por parte de un particular residente emitida por la comisaría de la policía en favor del extranjero (tendrá un costo para su emisión). En estos casos, es esencial no estar sujeto a una prohibición de entrada a territorio español, así como no suponer un peligro para la salud pública, el orden público y la seguridad nacional tal como lo estable el Titulo III, Capítulo I artículo 28 y siguientes del Real Decreto 557/2011.

Ahora bien, para los casos en que la Resolución sea declarada favorable o desfavorable, se procederá de la siguiente forma:

1. **Favorable:** quedará constancia en el pasaporte o título de viaje del solicitante titular el periodo por el cual podrá permanecer en territorio español.

2. **Desfavorable:** La administración le notificará en el tiempo oportuno para que abandone el Territorio Español antes de la finalización del periodo de estancia inicial.

Se destaca que, si llegare hacer caso omiso del lapso establecido para que abandone el territorio español, su situación cambiará, pasando de un estado regular a un estado irregular[6].

---

[6] Real Decreto 557/2011, de 20 de abril, por el que se aprueba el Reglamento de la Ley Orgánica 4/2000, sobre derechos y libertades de los extranjeros en España y su integración social, tras su reforma por Ley Orgánica 2/2009. Reglamento (UE) 2016/399 del Parlamento Europeo y del Consejo, de 9 de marzo de 2016, por el que se establece un Código de normas de la Unión para el cruce de personas por las fronteras (Código de fronteras Schengen).

Países que pueden ingresar a España sin visado

EUROPA	• Andorra • San Marino • Mónaco
AMÉRICA DEL NORTE	• Estados Unidos • Canadá
AMÉRICA CENTRAL Y EL CARIBE	• México • Costa Rica • Bahamas • El Salvador • Barbados • Santa Lucía • Granada • San Cristóbal y Nieves • Honduras • Antigua y Barbuda • Nicaragua • Trinidad y Tobago • Panamá • Dominica
AMÉRICA DEL SUR	• Argentina • Paraguay • Brasil • Perú • Chile • Uruguay • Colombia • Venezuela • Ecuador
ASIA	• Israel • Emiratos Árabes Unidos • Japón • Brunei Darussalam • Corea del Sur • Timor Oriental • Malasia • Georgia • Singapur
OCEANIA	• Australia • Vanuatu • Nueva Zelanda • Palaos • Islas Salomón • Micronesia • Kiribati • Islas Marshall • Tonga • Nauru • Tuvalu • Samoa

Sistema Europeo de Información y Autorización de Viajes (ETIAS).

Es un programa de exención de visa que permite la preselección de viajeros que ingresen a la Unión Europea; de esta forma, el sistema genera un fortalecimiento de mayor seguridad, control y verificación de las zonas fronterizas.

Aquí es importante resaltar que, aquellos viajeros que no obtengan la autorización ETIAS, no podrán en circunstancia alguna abordar aviones o cruceros con destino a países miembros del Espacio Schengen.

Ahora bien, para estos fines, la solicitud se debe realizar a través del sistema electrónico, lo cual conlleva que el proceso sea mucho más ágil para el extranjero a través de un formulario digital, el cual le exigirá datos tales como: nombre completo, fecha de nacimiento, dirección, nacionalidad, pasaporte, correo electrónico, antecedentes penales, entre otras.

Países que requieren ETIAS:

Albania	Georgia	Moldova	Seychelles
Antigua and Barbuda	Grenada	Montenegro	Singapore
Argentina	Guatemala	New Zealand	Solomon Islands
Australia	Honduras	Nicaragua	South Korea
Bahamas	Hong Kong	North Macedonia	Taiwan
Barbados	Israel	Palau	Timor-Leste
Bosnia and Herzegovina	Japan	Panama	Tonga
Brazil	Kiribati	Paraguay	Trinidad and Tobago
Brunei	Kosovo	Peru	Tuvalu
Canada	Macao	Saint Kitts and Nevis	Ukraine
Chile	Malaysia	Saint Lucia	United Arab Emirates
Colombia	Marshall Islands	Saint Vincent and the Grenadines	United Kingdom
Costa Rica	Mauritius		United States of America
Dominica	Mexico	Samoa	Uruguay
El Salvador	Micronesia	Serbia	Venezuela

Para tales efectos, la duración de la autorización ETIAS es de tres años; siempre y cuando el pasaporte esté vigente.

Aquí, es importante destacar que, para el año 2025, entrará en vigor el sistema ETIAS, pudiéndose anexar más países a la lista; es por ello y de sumo interés estar consultando la página web para evitar complicaciones posteriores[7].

---

[7] Reglamento (UE) 2018/1240 del Parlamento Europeo y del Consejo, del 12 de septiembre de 2018, por el que se establece un Sistema Europeo de Información y Autorización de Viajes (SEIAV) y por el que se modifican los Reglamentos (UE) nro. 1077/2011, (UE) nro. 515/2014, (UE) 2016/399, (UE) 2016/1624 y (UE) 2017/2226.

Visados de Corta Duración Espacio Schengen.

Son visados emitidos por los Consulados que forman parte del espacio Schengen, para aquellos ciudadanos que deseen circular en su zona; el cual no deberá exceder de noventa (90) días, cada medio año. De igual forma, es importante destacar que el otorgamiento no implica que pueda trabajar o estudiar en el país.

¿A cuáles países se le exige el visado?

Afganistán, Argelia, Angola, Armenia, Azerbaiyán, Bahréin, Bangladesh, Bielorrusia, Belice, Benín, Bután, Bolivia, Botsuana, Burkina Faso, Burma/Myanmar, Burundi, Camboya, Camerún, Cabo Verde, República Centro Africana, Chad, China, Comoras, Congo, Costa de Marfil, Cuba, República Democrática del Congo, Yibuti, República Dominicana, Ecuador, Egipto, Guinea Ecuatorial, Eritrea, Etiopía, Islas Fiji, Gabón, Gambia, Ghana, Guinea, Guinea-Bissau, Guyana, Haití, India, Indonesia, Irán, Iraq, Jamaica, Jordania, Kazakstán, Kenia, Kosovo, Kuwait, Kirguizistán, Lebanon, Lesoto, Liberia, Libia, Madagascar, Malawi, Maldives, Mali, Mauritania, Mongolia, Moruecos, Mozambique, Namibia, Nepal, Nigeria, Nigeria, Corea del Norte, Islas Marianas del Norte, Omán, Pakistán, Papúa Nueva Guinea, Filipinas, Catar, Rusia, Ruanda, San Tomé y Príncipe, Arabia Saudita, Senegal, Sierra Leona, Somalia, Sur África, Sri Lanka, Sudán, Surinam, Suazilandia, Siria, Tayikistán, Tanzania, Tailandia, Timor Oriental, Togo, Tonga, Tunicia, Turquía, Turkmenistán, Uganda, Uzbekistán, Vietnam, Yemen, Zambia, Zimbabue.

Para el visado de tránsito aeroportuario, los nacionales de los países que deben realizar el trámite son: Afganistán, Bangladesh, República Democrática del Congo, Eritrea, Etiopía, Ghana, Irán, Irak, Nigeria, Pakistán, Somalia y Sri Lanka.

En este punto cabe mencionar que, todo aquel que pretenda optar por una visa, deberá realizar la solicitud ante el Consulado General de España de su demarcación; cumpliendo cabalmente con los requisitos exigidos. La decisión de si se otorga o no, la visa para la cual aplicó es exclusiva del funcionario acreditado sobre el cual recae la competencia (Cónsul).

En lo que respecta a la prórroga del visado de corta estancia, ésta se regirá de acuerdo con el Derecho de la Unión Europea y la competencia recaerá en la oficina de Extranjería de la provincia donde vaya a permanecer el extranjero[8].

Cabe resaltar que, con la modificación del Reglamento (CE) Nº 810/2009 por el Reglamento Delegado (UE) 2024/1415 de la Comisión, publicado el 14 de marzo de 2024, en lo que respecta al importe de las tasas de visados, las cuales quedan de la siguiente manera:

- La tasa normal para la tramitación de visados Schengen es de 90 euros.
- Se aplicará una tasa reducida de 45 euros para ciertas categorías de solicitantes, como menores en edades comprendidas de 6 hasta 12 años.

Cabe destacar que, algunas personas están exentas de pagar tasas de visado, como los miembros de la familia de ciudadanos de la UE que viajan con ellos. Asimismo, hay que tener presente que estos importes pueden variar según la situación personal y el tipo de visado que se vaya a solicitar.

---

[8] Reglamento (CE) nro. 2019/1155 en el que se modifica el Reglamento (CE) nro. 810/2009 por el que se establece un Código Comunitario sobre visados (Código de visados). Reglamento 2019/592, que modifica el Reglamento 2018/1806: países exentos y sometidos a obligación de visado tras BREXIT.

CAPÍTULO III

Visa y/o Autorización de Estancia por Estudios para Nacionales de Terceros Países.

Aplica para extranjeros de terceros países (No Comunitarios), que requieran un visado de permanencia en territorio español, por un lapso mayor a noventa (90) días.

Es una estancia que tendrá una vigencia de acuerdo con la actividad formativa. Su solicitud tendrá que realizarse desde el país de origen ante el Consulado General de España correspondiente a la demarcación del interesado.

Requisitos generales para estadías inferiores a seis meses:

Estos serían: solicitud impresa de visado nacional, pasaporte vigente, medios económicos suficientes de acuerdo con el indicador Público de Renta de Efectos Múltiples (IPREM), seguro médico privado emitido por una compañía aseguradora debidamente autorizada en todo el territorio español, carta de admisión emitida por la Universidad donde realizará los estudios formativos.

Requisitos para estadías superiores a seis meses:

En estos casos se deberá aportar, aparte de los requisitos generales antes mencionados, antecedentes penales debidamente legalizados y/o apostillados, certificado médico donde se evidencie el estado de salud, entre otros documentos adicionales que la autoridad considere pertinente.

Para los casos con menores de edad, la solicitud deberá ser presentada directamente por los padres o tutores designados.

De ser declarada favorable la solicitud de visa por estudios, ésta le será estampada en el pasaporte o documento de viaje en vigor, en el cual se apreciará el tiempo de permanencia por el cual se le autoriza a residir y estudiar en el territorio español, con la respectiva asignación del Número de Identificación de Extranjero (NIE), el cual se debe tramitar en paralelo con la solicitud de visa.

Hay que tener presente que, al emitirse la visa por un lapso de seis meses (180 días) no requerirá realizar el trámite para la obtención de la Tarjeta de Identidad de Extranjeros (TIE).

Ahora bien, si la visa es emitida por un tiempo superior a seis (6) meses, una vez que entre en Territorio Español tendrá un tiempo de treinta (30) días para realizar el trámite, solicitando cita previa a través del sistema electrónico de la Administración Pública, en la opción "Policía toma de huella", presencial o por vía telefónica según aplique.

Asignada la cita es importante que se presente con toda la documentación requerida, tal como: modelo **EX17**, debidamente cumplimentado, justificante de la cita previa, pasaporte o título de viaje en vigor, una fotografía carnet con fondo blanco y el justificante 790 código 012 debidamente pagada.

En lo que respecta a la solicitud de prórroga, se deberá tener muy presente que ésta se podrá realizar sesenta (60) días previos a la fecha de expiración de la visa.

La solicitud podrá realizarla anualmente siempre y cuando el interesado acredite de forma fehaciente que sigue reuniendo los mismos requisitos establecidos para la actividad formativa por la que optó en la solicitud de visa inicial de la cual es titular (presentar modelo EX00).

Aquí se destaca que, con la nueva reforma, el extranjero no comunitario que sea titular de una visa de estudios está plenamente autorizado a realizar actividades laborales sin necesidad de tramitar una autorización; sean estas en instituciones públicas como privadas, siempre que la actividad sea compatible con la formación que está realizando y los ingresos que obtenga no se relacionen de manera alguna como sustento esencial para su estancia; eso sí, no podrá exceder de treinta (30) horas semanales.

Los familiares del titular principal de la visa podrán permanecer en territorio español siempre que esté vinculado a su situación de estancia; haciendo la salvedad que, los familiares que le acompañen no están ni estarán autorizados a realizar en ninguna circunstancia cualquier actividad de carácter lucrativa y de hacer caso omiso incurrirá en una falta que puede ser sancionable por las autoridades.

Cabe mencionar que el extranjero que haya sido titular de una autorización de residencia por estudio puede, sin problema alguno, solicitar una autorización de residencia para búsqueda de empleo; siempre y cuando haya finalizado sus estudios en una institución superior autorizada por España con un nivel 6 como mínimo; tal como lo establece el Marco Europeo de Cualificaciones (MEC), debiendo presentar para el trámite el modelo **EX01**, justificar medios económicos suficientes, aportar el título como justificación de haber culminado sus estudios, certificado médico y antecedentes penales debidamente apostillados por su país de origen, de acuerdo al Título III, Capítulo II artículo 37 y siguientes por el cual se modifica algunos de sus artículos por el Real Decreto Ley 11/2018 y Real Decreto 629/2022.

De igual forma, podrá optar por una modificación de visa de estudiante con una autorización de residencia de trabajo y estudios, siempre que cumpla con los requisitos.

Ahora bien, con respecto a los estudiantes que estén en prácticas, sean éstas remuneradas o no, tendrán que ser incluidos en el sistema de Seguridad Social, en función de lo establecido en el Real

Decreto 2/2023 del 16 de marzo y Real Decreto Ley 5/2023, de 28 de junio; el cual demora la obligación de dar de alta en la Seguridad Social a todos los becarios planteada para el 1 de octubre del 2023, hasta el 1 de enero del 2024, para que los centros formativos puedan adaptarse[9].

Asimismo, con el propósito de garantizar la aplicación e interpretación inequívoca, el Ministerio de Inclusión, Seguridad Social y Migraciones publicó la Instrucción SEM 1/2023, la cual establece los criterios para la respectiva autorización de estancia por estudio en España, tomando en cuenta aspectos tales como duración, autorización y los diferentes supuestos que lo regulan.

Autorización de Estancia por Estudios para Estudiantes Comunitarios (UE).

Todo aquel Ciudadano de la UE (Unión Europea) y EEE (Estado parte en el Acuerdo sobre el Espacio Económico Europeo y de Suiza) que desee estudiar en España no requerirá una visa de estudiante. Si su estancia es superior a los noventa días será indispensable solicitar la

---

[9] Real Decreto 1710/2011, del 18 de noviembre, por el que se modifica el Real Decreto 240/2007, del 16 de febrero, sobre entrada, libre circulación y residencia en España de ciudadanos de los Estados miembros de la Unión Europea y de otros Estados parte en el Acuerdo sobre el Espacio Económico Europeo. Orden PRE/1490/2012, de 9 de julio, por la que se dictan normas para la aplicación del artículo 7 del Real Decreto 240/2007, de 16 de febrero, sobre entrada, libre circulación y residencia en España de ciudadanos de los Estados miembros de la Unión Europea y de otros Estados parte en el Acuerdo sobre el Espacio Económico Europeo. Directiva 2004/38/CE, Instrucción SEM 1/2023, Real Decreto 629/2022, Ley Orgánica 4/2000, Ley Orgánica 2/2023, Directiva 2016/801/UE.

inscripción en el Registro Central de Extranjeros; para que le sea proporcionado un Certificado de Registro de Residente Comunitario y subsiguiente emisión del Número de Identificación de Extranjero (NIE).

Para solicitar cita podrá hacerlo bien sea presencial o por medio de la Sede Electrónica de Administración Pública, opción Comisaría de Policía Nacional correspondiente a la Provincia donde se encuentra residiendo. El día señalado para su comparecencia deberá presentar el modelo **EX18**, Pasaporte o Tarjeta de Identidad, Tarjeta Sanitaria Europea o seguro médico completo para sí y para su grupo familiar; aquí, en el caso de los del Espacio Económico Europeo (EEE) tienen derecho a residir en España por un período superior a tres meses si están matriculados en un centro de enseñanza público o privado, reconocido o financiado por la administración educativa competente, para el caso de cursar estudios o formación profesional; asimismo, deberá contar con seguro de enfermedad que cubra todos los riesgos en España.

Además, deben disponer de recursos suficientes para sí mismos y para los miembros de su familia, para no convertirse en una carga para la asistencia social de España durante su período de residencia.

Es importante cumplir con el Real Decreto 240/2007, de 16 de febrero, ya que facilitará la movilidad a los estudiantes dentro de la UE y el EEE; permitiéndoles estudiar en España con menos restricciones y fomentando así la educación y formación en un contexto europeo más amplio.

CAPÍTULO IV

Residencia Temporal para Extranjeros de Terceros Países.

Son aquellas solicitudes requeridas por el extranjero (no comunitario) que desee residir en territorio español; ésta podrá ser solicitada desde su país de origen (visa), cuando su estancia sea mayor a noventa días e inferior a cinco años; destacando nuevamente que la decisión dependerá exclusivamente de las autoridades competentes.

La autorización Inicial de Residencia Temporal no podrá solicitarse por el extranjero cuando éste se encuentre en estado irregular en territorio español.

Si se declara favorable la solicitud, comenzará a correr el lapso de permanencia a partir de su entrada a España. Ya encontrándose en territorio español deberá solicitar cita dentro de los treinta (30) días como plazo, para la captura de huella correspondiente y subsiguiente emisión de la Tarjeta de Identidad de Extranjero (TIE); este trámite ha de realizarse ante la Comisaría de Policía correspondiente al domicilio, a través del sistema de administración en línea. En caso de que una provincia no esté registrada en la plataforma, se deberá solicitar la cita vía telefónica o presencial[10].

---

[10] Real Decreto 557/201, de 20 de abril, por el que se aprueba el Reglamento de la Ley Orgánica 4/2000, sobre derechos y libertades de los extranjeros en España y su integración social, tras su reforma por Ley Orgánica 2/2009 (BOE núm.103, de 30 de abril); Directiva 2004/38/CE del Parlamento Europeo y del Consejo, de 29 de abril de 2004.

Tipos de autorización de Residencia Temporal Inicial.

Residencia Inicial No lucrativa.

Es una autorización que permite al extranjero residir en territorio español con su núcleo familiar. Esta autorización no conlleva permiso de trabajo para el titular y su familia. Podrá solicitar la visa ante el Consulado General de España de su demarcación, anexando: pasaporte, justificación de medios económicos suficientes tanto para sí mismo como para su familia, de acuerdo con el porcentaje establecido mensual de un 400% y para sostenimiento de cada uno de sus familiares mensualmente un 100%, al valor determinado por el Indicador Público de Renta de Efectos Múltiples (IPREM) para este 2024;

Para el solicitante principal: Se debe demostrar el 400% del IPREM, es decir, 2.400,00 € mensuales (equivalente a 2.800,00 € anuales en 12 pagas).

Para cada familiar acompañante: Se debe contar con el 100% del IPREM adicional; es decir, 600,00 € mensuales (equivalente a 8.400 euros anuales en 14 pagas).

Es importante cumplir con los requisitos económicos al solicitar la residencia no lucrativa en España.

De igual forma, deberá aportar seguro médico privado con una cobertura total; la cual tendrá que ser contratada ante una empresa española que opere en territorio nacional; así como antecedentes penales debidamente legalizados y/o apostillados.

La renovación, de requerirse, se podrá solicitar directamente ante la Oficina de Extranjería presentando el modelo **EX01**, sesenta días previos a la fecha de expiración de su visa; cumpliendo con los mismos requisitos presentados en la solicitud inicial, con la única salvedad de que, si tiene hijos menores en edad obligatoria para escolarización bajo su cuidado, deberá presentar un informe emitido por la autoridad Autonómica correspondiente, donde acredite la escolarización.

Para el caso en el cual el extranjero requiera modificar la Residencia No Lucrativa por una autorización de residencia y trabajo, se tomará en consideración una permanencia mínima de un año en España; no tener antecedentes penales dicho país; tener un precontrato que no sea inferior a cuarenta (40) horas semanales y demostrar la debida capacitación profesional en relación con la actividad que pretende desarrollar. Dicha solicitud se deberá presentar bajo el Modelo **EX03** directamente por el empresario o su representante legal, cumpliendo cabalmente con los requisitos exigidos. Para este caso en concreto, no se tomará en cuenta la situación nacional de empleo "…que es aplicada por las autoridades administrativas con el fin de llevar un control exhaustivo en relación con la mano de obra extranjera y la de ciudadanos nacionales", tal como lo establece el Título IV, Capítulo I artículo 45 y siguientes del Real Decreto 577/2011.

La autorización de trabajo por cuenta ajena aplica para aquellos extranjeros que requieran ejercer una actividad lucrativa bajo la modalidad de contrato, con estancias superiores a noventa días y menores de cinco años.

Para el caso de la autorización de residencia y trabajo por cuenta ajena, ésta deberá ser presentada directamente por el empleador o su representante legal, aportando el documento público que le acredita como firmante; deberá presentar copia del pasaporte del trabajador y documento que acredite la capacitación o la cualificación profesional. Para el caso de la empresa que funge como individual, deberá presentar NIF o NIE; si es con personalidad jurídica NIF y escrituración de constitución, Certificado Negativo (Certificado de Insuficiencia) emitido por el Servicio Público de Empleo Estatal (SEPE), teniendo como fin determinar la no existencia de personas desempleadas en la provincia que corresponda, quienes puedan ocupar el mismo puesto; inscripción en el Régimen de Seguridad Social, demostrar solvencia suficiente, entre otros requisitos más tal como lo establece el Título IV, Capítulo III artículo 62 y siguientes, Capítulo VII artículo 103 y siguientes del Real Decreto 577/2011, con ciertas modificaciones en unos de sus artículos de acuerdo con el Real Decreto 629/2022.

Es importante tener en cuenta que las autoridades, antes de emitir una Resolución favorable, constatarán que el puesto de trabajo para el cual fue requerido el extranjero se encuentra incluido dentro del Catálogo de Ocupación de Difícil Cobertura (perfiles extranjeros que pueden suplir las vacantes que no han de cubrir los nacionales) y que el empleador cumple cabalmente con los requisitos exigidos, en pro del cumplimiento con las obligaciones adquiridas para con el trabajador.

Se ha de mencionar que para el segundo trimestre de 2024 las vacantes existentes en todas las provincias por la cual podrá optar el extranjero son:

- Carpinteros de aluminio metálico y PVC.
- Montadores de carpintería metálica, aluminio y PVC.
- Instaladores electricistas en general.
- Instaladores electricistas de edificios y viviendas.
- Conductores operadores de grúa en camión.
- Conductores de grúa fija en general.
- Conductores- operadores de grúa móvil.

Aunado a ello, podemos encontrar ocupaciones aprobadas por acuerdo con la Secretaría de Estado para el Deporte, que aparecen en todas las provincias e islas:

- Deportistas profesionales.

- Entrenadores deportivos.

Ocupaciones aprobadas, a propuesta de la Administración General del Estado, en el sector de la Marina Mercante, que aparecen en todas las provincias costeras más Lleida y Madrid.

- Frigoristas navales.
- Jefes de Máquinas de buque mercante.
- Maquinistas navales.
- Mecánicos de litoral.
- Mecánicos navales.
- Pilotos de buques mercantes.
- Sobrecargos de buques.
- Oficiales Radioelectrónicos de la marina mercante.
- Cocineros de barco.
- Auxiliares de buques de pasaje.
- Camareros de barco.
- Mayordomos de buque.
- Caldereteros (maestranzas).
- Engrasadores de máquinas de barcos.
- Bomberos de buques especializados.
- Contramaestres de cubierta (excepto pesca).
- Marineros de cubierta (excepto pesca).
- Mozos de cubierta.

De ser declarada favorable la solicitud, el empleador deberá ponerse en contacto con el trabajador para que solicite la visa en la demarcación Consular que le corresponda. El plazo para realizar la solicitud será de treinta (30) días, presentando: pasaporte, antecedentes penales, certificado médico, contrato sellado por la Oficina de Extranjería y pago de la tasa correspondiente.

Si es autorizado el visado por el Consulado, en territorio español, el trabajador deberá ser dado de alta en la Seguridad Social dentro de los tres meses a su llegada; disponiendo de treinta días una vez dado de alta para solicitar cita previa para la emisión de la Tarjeta de Identidad de Extranjero (TIE).

Con respecto a la renovación de residencia y trabajo, se ha de resaltar que el extranjero podrá trabajar tanto por cuenta ajena, como por cuenta propia, por un periodo de hasta 4 años[11].

En relación con el trabajo por cuenta propia, se ha de indicar que es una actividad económica totalmente independiente, en el cual no se está sometido a un contrato de trabajo por cuenta ajena.

Trabajador por Cuenta Propia modalidad Autónomo:

Cabe destacar que, en este caso en concreto, el extranjero con la respectiva autorización de trabajo podrá proceder a darse de alta como autónomo ante la Tesorería General de la Seguridad Social, cumpliendo con una serie de requisitos tales como: Código de Impuesto de Actividad Económica (IAE), Código de actividad CNAE, fecha de inicio

---

[11] Real Decreto 629/2022, de 26 de julio, por el que se modifica el Reglamento de la Ley Orgánica 4/2000, sobre derechos y libertades de los extranjeros en España y su integración social, tras su reforma por Ley Orgánica 2/2009, aprobado por el Real Decreto 557/2011, de 20 de abril, modifica el apartado 2 del artículo 71, apartado 1 del artículo 72, apartado 3 del artículo 105 y apartado 7 del artículo 109. Orden ISM/1302/2022, de 27 de diciembre, por la que se regula la gestión colectiva de contrataciones en origen para 2023, Real Decreto Ley 13/2022.

de la actividad y el domicilio fiscal, rendimiento neto anual, elegir el régimen al cual se someterá, bien sea Mutualidad o el Régimen Especial de Trabajadores Autónomos RETA (siendo la RETA la más recomendable, ya que sus aportaciones serán directamente en la Seguridad Social), aportar el IBAN (Número de cuenta bancaria) con el fin concreto de domiciliar las cuotas, entre otros documentos que le puedan ser exigidos de ser necesarios.

Durante el año 2024, la tabla general y la tabla reducida de las bases máximas y mínimas aplicables a los diferentes tramos de rendimientos netos serán las siguientes:

	Tabla reducida		
Tramos de rendimientos netos 2024. Euros/mes		Base mínima. Euros/mes	Base máxima. Euros/mes
Tramo 1	<= 670	735,29	816,98
Tramo 2	> 670 y <= 900	816,99	900
Tramo 3	> 900 y <1.166,70	872,55	1.166,70

	Tabla general		
	Tramos de rendimientos netos 2024. Euros/mes	Base mínima. Euros/mes	Base máxima. Euros/mes
Tramo 1	>= 1.166,70 y <=1.300	950,98	1.300
Tramo 2	> 1.300 y <= 1.500	960,78	1.500
Tramo 3	> 1.500 y <= 1.700	960,78	1.700
Tramo 4	> 1.700 y <= 1.850	1.045,75	1.850
Tramo 5	> 1.850 y <= 2.030	1.062,09	2.030
Tramo 6	> 2.030 y <= 2.330	1.078,43	2.330
Tramo 7	> 2.330 y <= 2.760	1.111,11	2.760
Tramo 8	> 2.760 y <= 3.190	1.176,47	3.190
Tramo 9	> 3.190 y <= 3.620	1.241,83	3.620
Tramo 10	> 3.620 y <= 4.050	1.307,19	4.050
Tramo 11	> 4.050 y <= 6.000	1.454,25	4.720,50
Tramo 12	> 6.000	1.732,03	4.720,50

Bases mínima y máxima euros/mes

Tipo Contingencias Comunes	28,30 por ciento
Tipo Contingencias Profesionales	1,30 por ciento
Tipo Cese de Actividad	0,90 por ciento
Tipo Formación Profesional	0,10 por ciento
Mecanismo equidad intergeneracional	0,7 por ciento sobre la base de cotización por contingencias comunes

De igual forma, podrá consultar la Guía Práctica de Trabajo de Autónomo en la página web **https://portal.seg-social.gob.es/wps/portal/importass/importass/Colectivos/trabajo+autonomo/guia**, para aclarar cualquier inquietud en relación con el tema.

En este punto, deseo destacar que es de suma importancia a la hora de darse de alta que debe tener muy claro bajo que Régimen se acogerá; ya sea **RETA** o **MUTUA**. Puesto que solo tendrá una sola oportunidad; es decir, que una vez que lo escoja no podrá luego cambiarse de Régimen.

Es fundamental, antes de tomar la decisión de darse de alta como autónomo, buscar asesoramiento en la Cámara de Comercio de la provincia de residencia; así como en la oficina de emprendimiento del ayuntamiento correspondiente. Este paso es crucial para llevar a cabo un estudio de viabilidad del proyecto empresarial que se desea iniciar. Dichas entidades pueden proporcionar todas las directrices necesarias sobre cómo acceder a subvenciones y apoyos financieros disponibles para nuevos autónomos; incluyendo la "Cuota Cero" y otras modalidades de ayuda.

Autónomo Familiar Colaborador:

Es un familiar directo que presta su servicio mediante la ejecución de un trabajo habitual en la actividad en la que se desempeña el autónomo titular. En esta modalidad, solo podrá desempeñar la actividad el cónyuge, la pareja de hecho y los familiares por consanguinidad o afinidad hasta el segundo grado, al igual que el hijo por adopción, tal como se evidencia en la Ley 20/2007 y Real Decreto-ley 13/2022.

Pluralidad de los Autónomos:

Son aquellas actividades que han de desarrollarse bajo dos modalidades de forma legal; es decir, bajo la figura de trabajo por cuenta ajena estando de alta en el Régimen General de la Seguridad Social y por cuenta propia como profesional o empresario estando de alta en la **RETA** o la **MUTUA**. Pudiendo cotizar en esta modalidad bajo los dos regímenes y teniendo iguales derecho por contingencia; de igual forma, tienen la posibilidad de obtener un 50% en la cuota como autónomo.

En relación con la fiscalidad, al momento de presentar la obligación el **IRPF** deberá declararlo en función del rendimiento del trabajo como asalariado y, con respecto a la declaración como autónomo, deberá presentar la declaración del IVA y IRPF trimestralmente incluyendo los rendimientos generados en las actividades realizadas.

Falso Autónomo:

En este punto, nos adentramos en un punto muy delicado, ya que es una figura totalmente ilegal que acarrea sanciones de grado mínimo, medio y máximo; ya que es reconocido por la Inspección de Trabajo como un fraude laboral y así se evidencia en la Ley sobre Infracciones y Sanciones del Orden Social Real Decreto 5/2000 en su artículo 22.

Residencia Temporal por Circunstancias Excepcionales.

Tipos de Arraigos:

Arraigo Laboral:

La autorización de residencia por arraigo laboral se concede a extranjeros que han residido en España de manera irregular durante un periodo no menor de dos años. Para solicitarla, es necesario demostrar la existencia de una o varias relaciones laborales de al menos seis meses. Esto se puede acreditar mediante distintos medios de prueba, como una Resolución Judicial, una Resolución Administrativa que confirme el Acta de Infracción de la Inspección de Trabajo y Seguridad Social, o un Acta de Conciliación.

La solicitud deberá ser presentada ante la Oficina de Extranjería de la provincia donde ha fijado su domicilio; bien sea, solicitando cita por la sede administrativa, vía telefónica por el 060 o presencialmente de no encontrarse la provincia registrada en el sistema. Así como directamente por el extranjero o por representante, presentando el formulario **EX10** anexando pasaporte; antecedentes penales de su país de origen y antecedentes penales españoles de ser requerido; Empadronamiento actualizado en conjunto con el movimiento histórico; un precontrato de trabajo; entre otros documentos que puedan ser exigidos por la autoridad de extranjería. De igual forma, podrá realizar la solicitud por la plataforma **MERCURIO** siendo una opción rápida y ágil; así como, también, por medio de representación. Para este tipo de solicitud, es importante tener en cuenta que no podrá encontrarse bajo el compromiso de No Retorno (tres años para aquellos que salieron de España voluntariamente).

Se ha de mencionar que se debe estar sumamente pendiente al momento del llenado del formulario **EX10**; ya que si no posee Certificado Digital no podrá marcar la casilla de consentimiento para notificaciones por medio electrónico debido a que la Notificación de Subsanación, si aplicare, o Resolución, bien sea favorable o desfavorable, se verá comprometida por no tener acceso a la plataforma. Se recomienda que las notificaciones sean directamente en el domicilio del interesado.

En relación con el lapso de pronunciamiento por parte de Extranjería, se estipula que debe ser en el plazo de tres meses; ahora bien, por el gran volumen de solicitudes y falta de personal los plazos se han extendido para ciertas provincias.

Es crucial tener en cuenta que los solicitantes de Asilo que están amparados por la Directiva de Asilo y la Ley de Asilo, aunque pueden permanecer y trabajar legalmente en España hasta la emisión de la respectiva Resolución, si llegare a ser denegada y posteriormente impugnada, las cotizaciones que haya realizado en la Seguridad Social no se considerarán válidas. Esto, si pretende realizar una Autorización de Residencia por razones excepcionales (arraigo laboral), lo cual trae consigo una afectación directa y significativa con respecto a la posibilidad de regularizarse en el país tal como lo determina la instrucción del nueve de abril de 2024 **"CRITERIOS DE APLICACIÓN DE LA JURISPRUDENCIA DEL TRIBUNAL DEL JUSTICIA DE LA UNIÓN EUROPEA Y DE LA SENTENCIA DEL TRIBUNAL SUPREMO 414/2024, DE 24 DE ENERO, SOBRE LA INCIDENCIA EN LOS PROCEDIMIENTOS DE EXTRANJERÍA DE ARRAIGO LABORAL DE LA CONDICIÓN DE SOLICITANTE DE PROTECCIÓN INTERNACIONAL..."**; la cual ya se está implementando en las oficinas de extranjería y altamente comentada por los diferentes juristas.

Arraigo para la formación:

Es una autorización que parte de dos fases; La primera corresponde a la de Residencia aplicable para el extranjero que se encuentre en situación irregular en el territorio español, por un lapso no menor a dos (2) años de forma continuada.

Para formalizar la solicitud deberá hacerlo ante la Oficina de Extranjería de la provincia donde ha fijado su domicilio o por la Plataforma **MERCURIO,** directamente por el extranjero o por representante; previo cumplimiento del artículo 124.4 del Real Decreto

577/2011 modificado por el artículo 11 del Real Decreto 629/2022; el cual indica que dicha autorización se otorgará por un lapso de doce (12) meses; eso sí, cumpliendo con la documentación necesaria, tal como: formulario **EX10** (ver formato en las siguientes páginas), pasaporte, antecedentes penales del país de origen, antecedentes penales en España, Empadronamiento debidamente vigente, presentar un compromiso de formación reglada para el empleo para la obtención del certificado de profesionalidad, aptitud técnica o habilitación profesional y/o formación universitaria, como otras enseñanzas propias de formación permanente entre otras tipificadas en el artículo que se ha mencionado.

Una vez que se es notificado por Resolución sobre la autorización, tendrá un plazo de noventa días (90) para presentar ante la Oficina de Extranjería la matriculación correspondiente (Deberá inscribirse como Demandante de Servicio Previo al Empleo para poder realizar la matriculación); y en caso de no cumplir con el lapso estipulado quedará sin efecto la Resolución, por incumplimiento de las exigencias previas por parte de la Oficina de Extranjería.

EX-10

Solicitud de autorización de residencia/residencia y trabajo por circunstancias excepcionales

Espacios para sellos de registro

1) DATOS DEL EXTRANJERO/A

PASAPORTE _____ N.I.E. ____ - _____ - ____
1er Apellido _____ 2º Apellido _____
Nombre _____ Sexo(1) X° ☐ H ☐ M ☐
Fecha de nacimiento(2) __/__/__ Lugar _____ País _____
Nacionalidad _____ Estado civil(3) S ☐ C ☐ V ☐ D ☐ Sp ☐

2) COMPROMISO DE MATRICULACIÓN A EFECTOS DEL ARRAIGO PARA LA FORMACIÓN (ART. 124.4)

☐ **TIPO DE FORMACIÓN:**

☐ Sistema Formación Profesional (1)
☐ Certif. aptitud técnica o habilitac.prof. (2)
☐ Formación promovida Servicios Públicos Empleo (3)
☐ Formación Universidades (4)
☐ Microcredenciales (5)

☐ **DENOMINACIÓN COMPLETA DEL PROGRAMA FORMATIVO O DE LOS ESTUDIOS QUE SE COMPROMETE A REALIZAR:**
DENOMINACIÓN DEL PROGRAMA O ESTUDIOS:

CÓDIGO DEL CURSO

☐ **ENTIDAD QUE IMPARTE LA FORMACIÓN:**
DENOMINACIÓN ENTIDAD:

NIF/CIF ENTIDAD:

☐ **DOMICILIO DE LA ENTIDAD QUE IMPARTE LA FORMACIÓN:**
PROVINCIA:

DIRECCIÓN COMPLETA:

☐ **DURACIÓN DE LA FORMACIÓN (HORAS):**

EX – 10 – Declaración Responsable Arraigo para la Formación – Art. 124.4.

EXTRANJERÍA EN ESPAÑA 2024, Guía Práctica.

EX-10

Solicitud de autorización de residencia/residencia y trabajo por circunstancias excepcionales

☐ **FECHA FORMACIÓN (6):**
FECHA INICIO:
FECHA FIN:

☐ **MODALIDAD DE LA FORMACIÓN (7)**

☐ PRESENCIAL   ☐ A DISTANCIA   ☐ MIXTA

..............................., a .... de .... de ....

FIRMA DEL SOLICITANTE

EX – 10 – Declaración Responsable Arraigo para la Formación – Art. 124.4.

La autorización podrá prorrogarse por una única vez por un periodo igual (doce meses), en caso de que la formación exceda el tiempo otorgado inicialmente.

Culminada la formación, entraría la segunda fase de autorización de Residencia y Trabajo; donde el extranjero le corresponderá presentar la solicitud ante la Oficina de Extranjería con los documentos requeridos y el respectivo contrato de trabajo; el cual deberá estar vinculado a la formación recibida, debidamente firmada por el trabajador y el empleador garantizando el salario mínimo interprofesional o el salario establecido por Convenio Colectivo si aplicare, más la respectiva justificación de haber aprobado la formación reglada o certificado de profesionalidad entre otros.

De cumplir con todos los requisitos y de acuerdo con el criterio de la autoridad de Extranjería, se otorgará el permiso que habilitará al extranjero para poder ejercer una actividad laboral (Permiso de trabajo y Residencia) por un lapso de dos años[12].

---

[12] Real Decreto 557/2011, de 20 de abril, por el que se aprueba el Reglamento de la Ley Orgánica 4/2000, sobre derechos y libertades de los extranjeros en España y su integración social, tras su reforma por Ley Orgánica 2/2009. Real Decreto 629/2022, de 26 de julio, por el que se modifica el Reglamento de la Ley Orgánica 4/2000, sobre derechos y libertades de los extranjeros en España y su integración social. Real Decreto ley 32/2021, de 28 de diciembre, de medidas urgentes para la reforma laboral, la garantía de la estabilidad en el empleo y la transformación del mercado de trabajo. Ley Orgánica 3/2022, de 31 de marzo, de ordenación e integración de la Formación Profesional. Instrucción SEM 1/2022 sobre el Arraigo para la Formación y otras cuestiones comunes a las autorizaciones de Residencia Temporal por motivos de Arraigo previstas en el artículo 124 del Reglamento de Extranjería, aprobado por el Real Decreto 557/2011, de 20 de abril. Orden TMS/283/2019, de 12 de marzo, por la que se regula el Catálogo de Especialidades Formativas en el marco del sistema de

Es de sumo interés consultar detenidamente la Instrucción SEM 1/2022 **"SOBRE EL ARRAIGO PARA LA FORMACIÓN Y OTRAS CUESTIONES COMUNES A LAS AUTORIZACIONES DE RESIDENCIA TEMPORAL POR MOTIVOS DE ARRAIGO PREVISTAS EN EL ARTÍCULO 124 DEL REGLAMENTO DE EXTRANJERÍA, APROBADO POR EL RD 557/2011, DE 20 DE ABRIL..."** la cual explica de forma clara y concisa en la instrucción primera con sus literales y la instrucción segunda, los cuales buscan garantizar una comprensión uniforme y proteger la seguridad jurídica de los solicitantes.

Arraigo Social.

Se ha de aplicar para aquellos extranjeros que han permanecido en territorio español por un lapso no menor a tres años de forma continuada.

Para que el extranjero pueda solicitar este arraigo deberá cumplir con una serie de requisitos previos para la presentación de la solicitud, tales como: Antecedentes Penales debidamente legalizados y apostillados; antecedentes penales en España; empadronamiento y movimiento histórico vigente; vínculos familiares con otros extranjeros residentes o con españoles y en caso de no tenerlos deberá presentar un informe de integración social emitido por el Ayuntamiento o Comunidad Autónoma; estar en posesión de un contrato laboral en cualquier modalidad no menor a un año (oferta laboral firme), que debe garantizar al menos el salario mínimo interprofesional o el salario

---

formación profesional para el empleo en el ámbito laboral. Orden TMS/369/2019, de 28 de marzo, por la que se regula el Registro Estatal de Entidades de Formación del sistema de formación profesional para el empleo en el ámbito laboral, así como los procesos comunes de acreditación e inscripción de las entidades de formación para impartir especialidades formativas incluidas en el Catálogo de Especialidades Formativas.

establecido por convenio colectivo, con una jornada laboral de treinta (30) horas semanales. Excepcionalmente el contrato podrá tener una duración mínima de veinte (20) horas, en los casos que justifique tener a cargo menores o personas que requieran apoyo para el ejercicio de su capacidad jurídica.

En los casos para el sector agrario tendrá la posibilidad, por vía excepcional, de presentar dos contratos emitidos por empleadores diferentes con una duración mínima por cada uno de los contratos de seis meses y para lo que pretendan ejecutar una actividad bajo la figura de una misma ocupación. Le será aceptado los contratos siempre y cuando cada uno posea una duración con un tiempo no menor de un año.

Para aquellos casos específicos que requería realizar la solicitud para trabajar por cuenta propia (como autónomo), deberán acreditar estar en posesión de un plan de emprendimiento (proyecto); cumpliendo con las estipulaciones del ordenamiento vigente. De igual forma, deberá demostrar estar en posesión de medios económicos suficientes para sí y su núcleo familiar, cualificación profesional o experiencia suficiente en el ejercicio de la actividad profesional, homologación o equivalencia según corresponda de su título emitido en el extranjero.

De igual forma, podrá presentar cuantos documentos certifiquen su permanencia en territorio español como elemento probatorio, tal como: Informes médicos, facturas de compra, certificado de haber cursado estudios o alguna formación, contratos de alquiler, facturación de energía, gas, teléfono o cualquiera que estén en su nombre, entre otros.

La solicitud se presentará directamente por el extranjero o por representante ante la oficina de extranjería de la provincia donde resida el interesado, a través de cita previa o por vía telefónica, si aplicare, y por la Plataforma **MERCURIO** de poseer Certificado Digital, bajo el formato **EX10** (ver formato en las siguientes páginas) debidamente llenado. Si no posee certificado digital, recuerde evitar seleccionar la casilla de notificación electrónica[13].

Dicha autorización será otorgada por un lapso de un (1) año; pudiendo renovarse sesenta (60) días antes de su vencimiento.

Se destaca que, previa indagatorias y entrevistas con extranjeros domiciliados en varias provincias, dichas autorizaciones están siendo emitidas de forma ágil por parte de las Oficinas de Extranjería, antes del lapso establecido correspondiente a los tres (3) meses.

---

[13] Real Decreto 629/2022, de 26 de julio, por el que se modifica el Reglamento de la Ley Orgánica 4/2000, sobre derechos y libertades de los extranjeros en España y su integración social. Real Decreto 557/2011, de 20 de abril, por el que se aprueba el Reglamento de la Ley Orgánica 4/2000, sobre derechos y libertades de los extranjeros en España y su integración social, tras su reforma por Ley Orgánica 2/2009. Real Decreto-ley 19/2012, de 25 de mayo, de medidas urgentes de liberalización del comercio y de determinados servicios.

EX-10

Solicitud de autorización de residencia/residencia y trabajo por circunstancias excepcionales (LO 4/2000 y RD 557/2011)

Espacios para sellos de registro

1) DATOS DEL EXTRANJERO/A

PASAPORTE _____ N.I.E. ___-___-___
1er Apellido _____ 2º Apellido _____
Nombre _____ Sexo[1] X* ☐ H ☐ M ☐
Fecha de nacimiento[2] __/__/__ Lugar _____ País _____
Nacionalidad _____ Estado civil[3] S ☐ C ☐ V ☐ D ☐ Sp ☐
Nombre del padre _____ Nombre de la madre _____
Domicilio en España _____ Nº ___ Piso ___
Localidad _____ C.P. _____ Provincia _____
Teléfono móvil _____ E-mail _____
Representante legal, en su caso _____ DNI/NIE/PAS _____ Título[4] _____

2) DATOS DEL FAMILIAR ESPAÑOL / ESPAÑOL DE ORIGEN O PERSONA A CARGO DE DISCAPACITADO DE NACIONALIDAD ESPAÑOLA, QUE OTORGA DERECHO DE ARRAIGO FAMILIAR

PASAPORTE _____ D.N.I. ___-___-___
1er Apellido _____ 2º Apellido _____
Nombre _____ Sexo[1] X* ☐ H ☐ M ☐ Estado civil[3] S ☐ C ☐ V ☐ D ☐ Sp ☐
Fecha de nacimiento[2] __/__/__ País _____
Nombre del padre _____ Nombre de la madre _____
Domicilio en España _____ Nº ___ Piso ___
Localidad _____ C.P. _____ Provincia _____
Vínculo con el familiar o discapacitado a cargo _____

3) DATOS DEL REPRESENTANTE A EFECTOS DE PRESENTACIÓN DE LA SOLICITUD[5]

Nombre/Razón Social _____ DNI/NIE/PAS _____
Domicilio en España _____ Nº ___ Piso ___
Localidad _____ C.P. _____ Provincia _____
Teléfono móvil _____ E-mail _____
Representante legal, en su caso _____ DNI/NIE/PAS _____ Título[4] _____

4) DOMICILIO A EFECTOS DE NOTIFICACIONES

Nombre/Razón Social _____ DNI/NIE/PAS _____
Domicilio en España _____ Nº ___ Piso ___
Localidad _____ C.P. _____ Provincia _____
Teléfono móvil _____ E-mail _____

☐ CONSIENTO que las comunicaciones y notificaciones se realicen mediante puesta a disposición en la Dirección electrónica habilitada Única (DEHú), para lo cual será obligatorio disponer de certificado electrónico válido o sistema cl@ve. (6)

Nombre y apellidos del titular..

5) TIPO DE AUTORIZACIÓN SOLICITADA(m)

☐ **RESIDENCIA INICIAL**
  ☐ Arraigo Laboral (art. 124.1)
  ☐ Arraigo Social (art. 124.2)
  ☐ Arraigo Familiar (art. 124.3)
  ☐ Arraigo Formación (art. 124.4)
  ☐ Protección internacional (art. 125)
  ☐ Desplazados (art. 125)
  ☐ Otros supuestos regulados de protección internacional (art. 125)
  ☐ Razones humanitarias: víctima de determinados delitos (art. 126.1)
  ☐ Razones humanitarias: enfermedad sobrevenida o menor desplazado para tratamiento médico (art. 126.2)
  ☐ Razones humanitarias: peligro para su seguridad o su familia (art. 126.3)
  ☐ Colaboración con autoridades administrativas (art. 127.1)
  ☐ Colaboración con autoridades policiales, fiscales o judiciales (art. 127.1)
  ☐ Colaboración con autoridades laborales competentes (art.127.2)
  ☐ Razones de seguridad nacional (art. 127.1)
  ☐ Interés público (art. 127.1)
  ☐ Hijo de víctima de violencia de género <16 años o discapacitado en España (arts. 132.2 y 134.1)
  ☐ Hijo de víctima de violencia sexual <16 años en España (art. 31 bis Ley Orgánica 4/2000)
  ☐ Hijo de víctima de trata <16 años o discapacitado en España (art. 59. Bis 2 LO 4/2000)
  ☐ Joven extranjero ex tutelado que al alcanzar la mayoría de edad no es titular de una autorización de residencia (art. 198)
  ☐ Joven extranjero ex tutelado entre 18 y 23 años, que no es titular de autorización de residencia (art. 198 y DT única)
  ☐ Otras circunstancias no previstas, competencia de la SEIE con informe previo de la SES (DA 1ª.4)
  ☐ Otros..(especificar)

☐ **PRÓRROGA DE RESIDENCIA**
  ☐ Titular de autorización de residencia por CCEE, en el supuesto de Arraigo Laboral (art. 124.1)
  ☐ Titular de autorización de residencia por CCEE, en el supuesto de Arraigo Social (art. 124.2)
  ☐ Titular de autorización de residencia por CCEE, en el supuesto de Arraigo Familiar (art. 124.3)
  ☐ Titular de autorización de residencia por CCEE, en el supuesto de Arraigo Formación (art. 124.4)
  ☐ Titular de autorización de residencia por CCEE concedida por la SE Seguridad (art. 130.2)
  ☐ Titular de autorización de residencia temporal por protección internacional (art. 130.3)
  ☐ Joven extranjero TITULAR de autorización de residencia (art. 198) (Primera renovación)
  ☐ Joven extranjero TITULAR de autorización de residencia (art. 198) (Segunda renovación)

☐ **RENOVACIÓN ESPECIAL DE RESIDENCIA**
  ☐ Menor en tratamiento médico (art. 126.2)

☐ **RESIDENCIA Y TRABAJO**
  ☐ Víctima de violencia de género (art. 132.1 y 134.1)
  ☐ Hijo menor de víctima de violencia de género >16 años en España (art. 132.2 y 134.1)
  ☐ Víctima de violencia sexual (art. 31 bis Ley Orgánica 4/2000)
  ☐ Hijo menor de víctima de violencia sexual >16 años en España (art. 31 bis Ley Orgánica 4/2000)
  ☐ Víctima de la trata de seres humanos (art. 144.5)
  ☐ Hijo menor de víctima de trata >16 años en España (art. 59. Bis 2 LO 4/2000)
  ☐ Colaborador/a contra redes organizadas (arts. 136.7 y 137.7)
  ☐ Arraigo para la formación (finalización formación)
  ☐ Otros..(especificar)

...., a .... de .... de ....

DIRIGIDA A ....Código DIR3................ PROVINCIA ....EX - 10

Arraigo Familiar. Es una autorización para aquellos extranjeros que se encuentren en territorio español, que sean padre o madre de un menor de origen español, de nacionalidad española o ciudadano comunitario.

Para el caso de aquellos padres de menores de origen o nacionalidad española deberán presentar la solicitud respectiva ante la oficina de extranjería de la Provincia donde se encuentre domiciliado, presentado el formato **EX10**. Allí el padre o madre deberá acreditar una serie de requisitos necesarios para ejecutar el trámite, tal como: Pasaporte, antecedentes penales debidamente legalizados y apostillados, certificado de nacimiento del menor (Literal de Nacimiento) donde se evidencia el vínculo, documento que acredite la relación de paterno filial (para el caso de que no conviva con el menor) y empadronamiento vigente.

Para el caso de aquel padre o madre de menor comunitario que, no pueda en ninguna circunstancia demostrar medios económicos suficientes para tramitar la Tarjeta Comunitaria, podrá acogerse bajo esta figura sin ningún tipo de problema aportando los documentos necesarios.

Cabe destacar que, con las nuevas modificaciones, ahora podrán optar por el arraigo aquellos que presten apoyo a personas que posean un grado de discapacidad, debidamente comprobada; al igual demostrando que está bajo su cuidado y convive en el mismo hogar. Para estos casos en concreto, le podrá ser otorgada la autorización de residencia y trabajo por un periodo de cinco (5) años.

Antes del vencimiento del lapso arriba indicado, sesenta (60) días previos tendrá la posibilidad de solicitar la residencia de larga duración, tal como lo establece el Título V, Capítulo I artículo 124 del Real Decreto 577/2011, modificado por el Real Decreto 629/2022[14].

Autorización Inicial por Razones Humanitarias.

Es una autorización de residencia y trabajo para aquellos extranjeros procedentes de un país no comunitario, en el que se le han vulnerado sus derechos como persona.

El trámite deberá realizarlo el extranjero directamente o a través de representante debidamente acreditado; siempre y cuando se encuentre en el país de forma regular[15], ante la Oficina de Extranjería o Consulado, si aplicase el caso.

Para que se pueda optar a esta autorización, se deberá probar por cualquier medio legal ser víctima de discriminación por creencias religiosas, por orientación sexual, por discapacidad, por raza y por sexo.

De igual forma, aplicará también para aquellas personas víctimas de violencia a nivel familiar debidamente comprobada; que corra un peligro eminente en vida por Violencia de Estado; como por

---

[14] Real Decreto 557/2011, de 20 de abril, por el que se aprueba el Reglamento de la Ley Orgánica 4/2000, sobre derechos y libertades de los extranjeros en España y su integración social, tras su reforma por Ley Orgánica 2/2009. Instrucción DGI/SGRJ/10/2008 sobre autorizaciones de residencia temporal por circunstancias excepcionales, cuando se trate de hijos de padre o madre que hubieran sido originariamente españoles. Instrucción de la DGM 8/2020 sobre la residencia en España de los progenitores nacionales de terceros países, de menores ciudadanos de la Unión, incluidos españoles.

[15] Con sus excepciones, tal como en los casos de solicitudes de Protección Internacional, que veremos más adelante en el Régimen Especial que hayan sido declaradas por Resolución desfavorable, quedando el extranjero bajo un estado de ilegalidad.

enfermedad sobrevenida grave que no pueda ser tratada en su país de origen y que ponga en peligro su derecho a la vida; entre otros que estén debidamente tipificados en el ordenamiento español vigente, tal como lo establece el Título V, Capítulo I artículo 126 del Real Decreto 577/2011.

Extranjeros a los que se les Concede la Autorización por Razones Humanitarias:

Víctimas de Violencia de Género.

Mujeres que por su condición le son vulnerados sus derechos; bien sea, físicamente, psicológicamente o económicamente, directamente por su pareja, cónyuge, pareja de hecho que conviva o no con ella, generándole una afectación directa tanto para sí, como para su núcleo familiar.

Para poder acceder a la Autorización de Residencia inicial por Violencia de Género se tendrá que demostrar el daño causado a través de una sentencia condenatoria y/o resolución que acredite una medida cautelar (medida de distanciamiento); destacando que, en estos dos casos concretos, le pudieran exigir el reconocimiento y homologación de la Resolución y, excepcionalmente, de la medida cautelar emitida en el país de origen a través del procedimiento **EXEQUATUR**; que no es más que un procedimiento del Derecho Internacional donde las decisiones extranjeras tendrán fuerza y plena eficacia en territorio Español; siendo indispensable que sea presentado por un abogado debidamente colegiado[16], entre otros elementos probatorios que pueda aportar y le sean requeridos por la autoridad administrativa.

---

[16] En caso de no tener los recursos económicos y cumpliendo con una serie de requisitos, podrá solicitar una cita para abogado de oficio previa información inicial por parte del Colegio de Abogados de la Provincia donde se encuentre

La solicitud la podrá realizar directamente ante la Oficina de Extranjería mediante cita previa, como anteriormente hemos mencionado, directamente por el extranjero o representante de éste, bajo el formato **EX10** debidamente cumplimentado[17].

Aquellas mujeres extranjeras que, por su situación irregular teman formalizar una denuncia al ser agredidas, por pareja o expareja, no deben temer; ya que al formalizar la denuncia tendrá derecho a que no se le haga apertura de un expediente sancionador por permanencia irregular y tendrá la posibilidad, mientras se resuelve el procedimiento penal, de solicitar una autorización provisional de residencia y trabajo aportando el informe fiscal ante la Oficina de Extranjería, aplicando dicha autorización para sus hijos e hijas menores de edad

Sobre este tema, podrá obtener información de interés a través de la página **https://violenciagenero.igualdad.gob.es/** . Asimismo, es necesario que tenga presente el número 016 (apto para 51 idiomas) de atención a Víctimas de Violencia de Genero encontrándose en Territorio Español; en el cual recibirá asesoramiento jurídico de forma gratuita (con este número podrá comunicarse sin preocupación alguna, ya que es seguro y no dejará registro en la factura telefónica). Para los casos de menores de edad en riesgo, podrán comunicarse con **ANAR** por el

---

domiciliada); aunado a ello, requerirá un informe por parte de los servicios sociales o del sistema de acogida para mujeres maltratadas, pasaporte vigente, antecedentes penales, empadronamiento vigente y si le acompaña un menor todos los documentos donde se acredite el vínculo de parentesco (certificado de nacimiento

[17] Ley Orgánica 1/2004, de 28 de diciembre, de Medidas de Protección Integral contra la Violencia de Género. Resolución de 2 de diciembre de 2021, de la Secretaría de Estado de Igualdad y contra la Violencia de Género, por la que se publica el Acuerdo de la Conferencia Sectorial de Igualdad, de 11 de noviembre de 2021, relativo a la acreditación de las situaciones de violencia de género.

número 900202010; de igual forma, podrá consultar la web **https://www.anar.org/.**

En este mismo orden de ideas, se resalta que existen muchas formas donde las víctimas de violencia de genero se pueden sentir seguras, confiando en el personal sanitario de salud, con el trabajador o trabajadora social de ayuntamiento o con una ONG con competencia en el área; quienes le proporcionarán más información en relación con casos de emergencia, de requerirse, o pisos tutelados entre otras opciones más que se puedan ofrecer de acuerdo con el caso. De igual forma, podrá obtener más información en el Título V, Capítulo II artículo 131 y siguientes del Real Decreto 629/2022.

Víctimas de Trata de Personas.

Recae sobre mujeres y adolescentes que, por su condición socioeconómica, se hacen altamente vulnerables y son captadas por los tratantes de diferentes formas a través de engaños, amenazas o abuso de poder. La forma más común donde se presentan estos casos emblemáticos es a través de ofertas engañosas de empleo por redes sociales, donde ofrecen un excelente paquete salarial con disposición de ejecutar todo el trámite correspondiente de forma rápida y con la opción de financiación de boletos aéreos y hospedaje.

Otras de las formas de captar a las víctimas, es bajo la figura de pareja virtual, muy frecuente en la actualidad; pues da la posibilidad al tratante de estudiar psicológicamente a la persona para poder ejercer un poder elevado de manipulación y llevarla hacia su terreno, para cumplir con su fin de explotación (esclavitud).

Estos procesos inicialmente tienen un punto de partida: país de origen, durante el tránsito de un país a otro o cuando ya haya llegado al país destino. Hay que destacar que los gastos son sufragados directamente por el tratante.

Es necesario tener en cuenta la página web **https://violenciagenero.igualdad.gob.es/** en la cual encontrará información necesaria para víctimas de trata y sus derechos; también podrá comunicarse a la línea de atención gratuita por el número 900105090, desde el cual se le asistirá, sea cual sea las circunstancias; así como por el correo electrónico **trata@policia.es**.

En todos estos casos, si se estuviera en una condición irregular; bien sea, por no haber regularizado su situación o no disponer de los documentos que le identifiquen, no debe preocuparse; ya que, de igual forma, podrá acceder a cualquiera de las opciones que le garantice su seguridad, antes que nada.

En lo que respecta a la autorización, se destaca que el o la Policía que le haya identificado como Víctima de Trata de Seres Humanos, elaborará una propuesta de concesión para el periodo de restablecimiento y reflexión ante el Delegado o Subdelegado del gobierno de la Provincia donde se le hubiere identificado el extranjero víctima; una vez que, el Delegado o Subdelegado emita el informe favorable de aplicar el caso, supondrá la concesión de autorización provisional de estancia para sí y la de sus hijos, si le acompañaren, que implique la posibilidad de desempeñar cualquier ocupación por cuenta ajena o propia.

La extranjera o extranjero tendrá la posibilidad de iniciar el trámite correspondiente, ante la Oficina de Extranjería, de forma personal a través de formulario **EX10** y documentos tales como: Pasaporte, Documento de Viaje o Cédula de Inscripción[18].

---

[18] La cual acredita identificación legal al extranjero como documento público a falta de Pasaporte o Documento de Viaje o no pueda ser documentado por las

En este caso, el Delegado o Subdelegado de Gobierno emitirá el informe respectivo a la Oficina de Extranjería, informando la situación administrativa del extranjero y sus respectivas implicaciones con la respectiva Resolución.

La autorización provisional deberá ser renovada anualmente (cada año) hasta que sea dictada la Resolución definitiva, que siendo esta favorable tendrá una vigencia de cinco (5) años o, de ser denegada, implicará la pérdida en su totalidad de la vigencia de la autorización provisional.

Cabe destacar que, la previa colaboración por parte del Extranjero Víctima de Trata ayudará significativamente en lo que respecta a las exenciones de responsabilidad por su permanencia irregular en territorio español.

De igual forma, podrá consultar minuciosamente la Ley Orgánica 10/2011, del 27 de julio en relación con la modificación del artículo 59 bis de la Ley Orgánica 4/2000 y la Ley Orgánica 8/2015, del 22 de julio, de modificación del Sistema de Protección a la Infancia y a la Adolescencia, Disposición Final Segunda. En relación con la modificación del apartado 2 del artículo 59 bis de la Ley Orgánica 4/2000, del 11 de enero, sobre derechos y libertades de los extranjeros en España y su integración social; así como también a través de la página web **https://www.iberley.es/legislacion/articulo-59-bis-ley-organica-extranjeria**.

Retorno Asistido para Víctima de Trata de Seres Humanos.

La extranjera víctima de trata, que desee retornar a su país de procedencia podrá solicitar a la respectiva autoridad competente para

---

autoridades de ningún país. Esta Cédulas de Inscripción quedarán asentada en el Registro Central de Extranjeros.

sí y sus hijos, si le acompañare con un argumento debidamente razonable; debiendo evaluar por parte de las autoridades españolas los riesgos y seguridad para el extranjero y sus acompañantes, iniciando dicha evaluación desde el punto de partida hasta el destino para el solicitante de retorno asistido[19]; tal cual como se ha de indicar en el Titulo V, Capítulo IV, artículo 140 y siguientes del Real Decreto 577/2011.

Enfermedad Sobrevenida.

De acuerdo al artículo 126.2 del Real Decreto 577/2011 podrá optar a la autorización inicial de residencia por vía excepcional el extranjero que, por cuestiones que escapen a sus manos, no pueda ser tratado por el sistema de salud en su país de origen debido a una patología grave; el cual deberá acreditar por medio probatorio (certificado médico) el tipo de enfermedad que ha de tener, sus características y las consecuencias en caso de no ser tratada en tiempo oportuno o el tratamiento sea suspendido (riesgo tanto en salud como en vida); lo que le permite optar a una autorización por razones humanitarias. De igual forma, el extranjero cuando se encuentre en territorio español y le sobrevenga una enfermedad (Ictus, Cáncer, entre otras) que requiera de un tratamiento, por ejemplo: un cáncer diagnosticado en su país de origen que entró en recesión y éste le llegare a reaparecer en territorio español, será considerado por el profesional sanitario como recidiva y la Resolución será desfavorable.

Para este tipo de trámites, la solicitud deberá presentarse por el extranjero ante la Oficina de Extranjería previa cita, a través del formato **EX10**; con pasaporte vigente, antecedentes penales debidamente

---

[19] Esto en los casos que no requiera su permanencia, pero si llegare a suceder que su presencia es necesaria previo requerimiento de las autoridades competentes el extranjero deberá permanecer en territorio español.

legalizados y apostillados, empadronamiento vigente, informe médico emitido por una profesional sanitario de la provincia donde se encuentre domiciliado y, si lo desea, podrá presentar un informe social como soporte en conjunto con todas las pruebas donde se constate la enfermedad que ha de traer de su país de origen o diagnosticada en territorio español.

La autorización de Residencia Inicial no conlleva permiso de trabajo; solo podrá residir de forma legal en el territorio español con una vigencia de un (1) año, pudiendo prorrogarse tal como lo establee el artículo 130 del Real Decreto 577/2011.

Ahora bien, por vía excepcional cuando la Resolución sea favorable, el familiar directo podrá realizar una solicitud para residencia temporal y/o trabajo, acogiéndose a la Disposición Adicional Primera numeral 4 del Real Decreto 557/2011, del 20 de abril, siendo competente para conocer la Secretaría de Estado de Inmigración y Emigración (SEIE) con informe previo de la Secretaría de Estado de Seguridad (SES)[20].

---

[20] Ley Orgánica 4/2000, de 11 de enero, sobre derechos y libertades de los extranjeros en España y su integración social. Real Decreto 557/2011, de 20 de abril, por el que se aprueba el Reglamento de la Ley Orgánica 4/2000, sobre derechos y libertades de los extranjeros en España y su integración social, tras su reforma por Ley Orgánica 2/2009.

CAPÍTULO V

Residencia Inicial:

Visa para Emprendedores:

Es una visa que va dirigida a aquellos extranjeros no comunitarios que deseen ejecutar una actividad empresarial en España; dicha actividad deberá ser innovadora y de interés económico; podrá realizarse directamente por el extranjero desde España, siempre que esté dentro de los noventa días de legalidad; así como desde su país de origen (Consulado General de España de su demarcación) o por medio de Representante Legal.

La duración de la visa inicial será de tres (3) años, pudiendo renovarse por dos (2) años más directamente ante la Unidad de Grandes Empresas y Colectivos Estratégicos (UGE-CE) para obtener la Residencia Permanente (después cinco años).

Es importante destacar que, antes de iniciar el trámite, sea este por visa (aplica cuando se encuentra fuera del territorio español) o por autorización (encontrándose ya en territorio español), para poder ejecutar una actividad específica como Emprendedor, deberá presentar ante la Empresa Nacional de Innovación Sociedad Anónima (ENISA) un plan de negocio innovador en el cual se describa el proyecto, el producto o servicio que pretenden implementar, un estudio de mercado y la inversión que requerirá, aunado al perfil profesional que servirá para verificar hasta donde sería la implicación en el proyecto.

Es importante que, para que sea exitoso el estudio, será necesario que se enfoque en función de un negocio que no sea común en España.

Para tales efectos, podrá hacer la solicitud de estudio a través de la página web **www.enisa.es** partiendo inicialmente de un registro; donde se podrá llenar el formulario con los datos del proyecto que se ha planteado; así, la entidad procederá al estudio respectivo. Ya con este resuelto y favorable emitirá un informe y a su vez lo comunicará a la Unidad de Grandes Empresas y Colectivos Estratégicos (UGE-CE).

Con el informe favorable el interesado podrá iniciar el trámite, sea este de forma conjunta con su grupo familiar: cónyuge o pareja de hecho, hijos (sean estos menores de edad o mayores de edad, siempre que dependan económicamente del titular) y ascendientes que estén a su cargo.

Los documentos que deberá presentar ante las autoridades competentes son: Pasaporte original; certificado negativo de antecedentes penales expedido y apostillado por el país o países en los que hubiese residido, excepcionalmente quedará exento de presentar los antecedentes si es titular de una autorización de residencia y estancia en territorio Español mayor a seis (6) meses; seguro médico con entidad aseguradora autorizada a operar en España y que cubra durante todo el periodo de estancia los gastos médicos y los de repatriación asociados a una enfermedad o accidente (no son válidos los seguros de viaje); Seguridad Social según la normativa vigente y los acuerdos debidamente suscritos y ratificados con el Reino de España o declaración de compromiso previo al inicio de la actividad; informe favorable **ENISA** y prueba de que dispone de los recursos necesarios para satisfacer sus necesidades al inicio de la estancia.

La cuantía para los titulares de autorización de residencia será del 200% del salario mínimo intraprofesional (SMI), siendo la cuantía para la unidad familiar (incluyendo dos personas contando al titular y a la reagrupada) un porcentaje de al menos del 75% del SMI y por cada persona adicional un 25% del SMI.

Es importante tener en cuenta que los documentos donde se evidencie el vínculo deberán estar debidamente legalizados y apostillados y, de aplicar el caso, traducidos; para el caso del cónyuge certificado de matrimonio; pareja de hecho tendrá que demostrar que la misma es previa a la solicitud; hijos menores vínculo a través del Certificado de Nacimiento (Literal de Nacimiento) y para los ascendientes mayores de 65 años prueba documental de la dependencia económica, entre otros documentos más que le sean requerido a discreción del funcionario.

Se ha de señalar que, el emprendedor, deberá cumplimentar el **DUE** (Documento Único Electrónico) que se encargará de forma automática de la ejecución del trámite de constitución de determinadas empresa o darse de alta como autónomo ante los diferentes organismos, tales como: Seguridad Social, Registro Mercantil, Notaría, Agencia Tributaria, entre otros; siendo importante que se entienda que hay sociedades que quedan excluidas del DUE, como las sociedades anónimas o las cooperativas de trabajo asociado, debido a su complicadas estructuras societarias.

En relación con el **PAE** (Punto de Atención al Emprendedor), éste tiene la misión exclusiva de registrar a la Persona Física Independiente, Sociedad de responsabilidad limitada (SRL o SL), Sociedad Anónima Sucesiva (SLFS), Sociedad Limitada Nueva Empresa (SLNE), Comunidad de bienes y Sociedad civil[21].

---

[21] Ley 14/2013, de 27 de septiembre, de apoyo a los emprendedores y su internacionalización. Ley 28/2022, de 21 de diciembre, de fomento del ecosistema de las empresas emergentes. Instrucción DGM 1/2023 sobre los aspectos prácticos de aplicación de la Ley 14/2013, de 27 de septiembre, de apoyo a los emprendedores y su internacionalización, en lo que se refiere a las solicitudes de autorizaciones de residencia para emprendedores. Real Decreto

Se hace la salvedad que, con la asignación del NIE (Número de Identificación de Extranjero), podrá realizar la solicitud del Certificado electrónico **FNMT** (Fábrica Nacional de Moneda y Timbre) ingresando a la página web www.sede.fnmt.gob.es; opción certificado con vídeo identificación; donde le permitirá acceder a los diferentes entes y para el caso concreto, desde la comodidad de su hogar, poder ingresar al Centro de Información y Red de Creación de Empresas (CIRCE); sistema creado específicamente para poder gestionar de forma telemática los trámites respectivos para la constitución de sociedades mercantiles en España.

Pueden revisar minuciosamente la Instrucción DGM 1/2023 sobre los aspectos prácticos de aplicación de la Ley 14/2013, de 27 de septiembre, de apoyo a los emprendedores y su internacionalización; en lo que se refiere a las solicitudes de autorizaciones de residencia para emprendedores, la Orden PCM/825/2023, de 20 de julio, la Ley 28/2022, del 21 de diciembre que fomenta el ecosistema de las empresas emergentes y la Ley 18/2022 que modifica algunos de los artículos de la Ley 14/2013.

Visa para Trabajadores Altamente Cualificados.

Es una autorización de residencia, con validez en todo el territorio nacional, aplicable a un profesional no comunitario que sea requerido por una empresa para una actividad laboral o profesional en territorio español; el cual deberá poseer una titulación equivalente al menos de Nivel 1 del Marco Español de Cualificaciones para la Educación Superior o conocimiento a través de competencias

---

44/2015, de 2 de febrero, por el que se regulan las especificaciones y condiciones de uso del documento único electrónico.

profesionales de al menos tres (3) años de acuerdo al artículo 32 de la ley 11/2023 que modifica la ley 14/2013.

Se ha de destacar que, La solicitud podrá ser presentada por el profesional extranjero o por la empresa; una vez recibida, la **UGE** se comunicará con la empresa notificando su recepción.

La duración de la autorización tendrá una vigencia de tres (3) años o por el tiempo que dure el contrato de trabajo no pudiendo superar dicho lapso.

Ahora bien, el profesional extranjero podrá renovar por un periodo de dos (2) años adicional, siempre y cuando se mantengan los requisitos que le han generado tal derecho, sesenta días (60) antes del vencimiento de la Autorización de Residencia pudiendo tener una Residencia Permanente a los cinco (5) años; siempre y cuando se cumplan los requisitos exigidos como ya se ha comentado con anterioridad.

En este sentido, se incorpora al Ordenamiento Jurídico Español de forma parcial la Directiva (UE) 2021/1883, la cual hace referencia a los derechos y condiciones de entrada y residencia de extranjeros no comunitarios y su familia con un plazo de finalización estimado para el 18 de noviembre de 2023 y la Ley 11/2023 que modifica la Ley 14/2013.

Visa para Profesionales Altamente Cualificados Titulares Tarjeta Azul-UE.

De acuerdo con la Ley 11/2023 los profesionales extranjeros, no comunitarios, que vayan a desarrollar una actividad laboral en la UE deberán poseer una titulación equivalente al menos de Nivel 2 del Marco Español de Cualificaciones para la Educación Superior, correspondiente con el Nivel 6 del Marco Español de Cualificaciones para el Aprendizaje Permanente y mismo nivel del Marco Europeo de Cualificaciones (EQF).

Se hace la salvedad que, aquellos extranjeros que tengan una profesión regulada deberán acreditar la respectiva homologación.

Ahora bien, en los supuestos donde el extranjero, no comunitario, sea requerido por una empresa por necesidad, será necesario que se ajuste a la Clasificación Internacional Uniforme de Ocupaciones.

Para los casos de aquellos profesionales extranjeros, quienes con anterioridad han sido titulares de una autorización de residencia por un periodo máximo de tres años, podrán presentar una solicitud de Tarjeta Azul-UE.

Requisitos que deberá cumplir: Ser ciudadano extracomunitario, carecer de antecedentes penales y no tener prohibida la entrada en España, disponer de un contrato de trabajo en una profesión altamente cualificada, presentar un contrato de trabajo válido o una oferta firme de empleo de alta cualificación para un período de al menos seis meses, acreditar sus cualificaciones profesionales, documento de viaje válido y, si es necesario, los documentos para solicitar un visado; y si no está cubierto por el contrato, mostrar prueba de solicitud de un seguro de enfermedad.

La solicitud puede ser presentada en la Oficina de Extranjería o en la Unidad de Grandes Empresas o la Dirección General de Inmigración (si la empresa tiene más de 500 trabajadores y centros de trabajo en más de 1 provincia)

Autorización de residencia nacional para profesionales altamente cualificados.

Es otorgada aquellas personas que acrediten un mínimo de cinco años (tres años para profesionales y directores de tecnología de la información y las comunicaciones) de conocimientos, capacidades y competencias relevantes para la profesión o sector especificado en el contrato de trabajo o en la oferta firme de empleo.

Visa para Nómadas Digitales.

Es una visa que permite residir y trabajar a distancia desde el territorio español. Aplica para el extranjero no comunitario que trabaje en la modalidad de teletrabajo; bien sea, a través de un servicio que preste para una empresa, ejerza una actividad profesional o posea una empresa propia que se encuentre fuera del territorio español.

La solicitud de Visa y NIE (solicitarlo paralelamente) podrá realizarla directamente el extranjero ante el Consulado General de su demarcación, presentando el formulario correspondiente debidamente cumplimentado; de igual forma, podrá solicitar una autorización si se encontrare en territorio español en estado regular (legal); eso sí, previo cumplimiento de los requisitos establecidos por el ordenamiento jurídico español, tales como: Pasaporte en vigor; acreditar una relación laboral o profesional no menor a tres (3) meses con la empresa extranjera con la cual está vinculado; certificado empresarial donde se evidencie su antigüedad como trabajador; una autorización emitida directamente por la empresa donde constante que puede ejecutar su trabajo de forma remota sin afectación alguna.

En el caso de los trabajadores que, realizan una actividad empresarial por cuenta propia, tendrá que demostrar la antigüedad que tiene en la misma explicando detalladamente la actividad que va ejecutar a distancia en territorio español; deberá acreditar una relación real no menor a un (1) año con las empresas extranjeras con la cual tiene una relación laboral o profesional; además, tendrá que aportar un certificado vigente del Registro Mercantil emitido por el organismo correspondiente en el país de origen que demuestre la constitución y el tipo de actividad; en el caso de realizar una actividad por cuenta propia como profesional, deberá acreditar por cualquier medio documental bajo que término y condición va realizar la actividad profesional a distancia; deberá demostrar medios económicos suficientes para sí y su grupo familiar de acuerdo al salario mínimo interprofesional (SMI) equivalente al 200% mensual; cuando se trate de la unidad familiar compuesta por dos personas incluyendo al titular deberá aportar el 75% del SMI y por cada familiar adicional el 25%; certificado de antecedentes penales; seguro público o privado de enfermedad emitido por una empresa aseguradora autorizada con competencia en todo el territorio español o presentar un certificado de derecho que acredite que está inscrito en la seguridad social (debe existir un convenio internacional suscrito por España y el país de origen); entre otros requisitos exigidos de acuerdo a la Instrucción conjunta del Director General de Españoles en el Exterior y de Asuntos Consulares y el Director General de Migraciones sobre los aspectos prácticos de aplicación de la Ley 14/2013, del 27 de septiembre, de apoyo a los emprendedores y su internacionalización, lo que se refiere a las solicitudes visados y autorizaciones de residencia de teletrabajo de carácter internacional.

Se ha de destacar que, para los trabajadores por cuenta ajena, esta visa no autoriza al Teletrabajador a realizar actividad laboral dentro del Territorio Nacional.

Solo por vía excepcional, se le permitirá al teletrabajador por cuenta propia que ejerza una actividad profesional trabajar en territorio español, siempre que no exceda el porcentaje del 20% del total de su actividad profesional.

De igual forma, tendrán acceso al visado o autorización según aplique a aquellos profesionales egresados de una Universidad o Escuela de Negocio de alto prestigio.

Para el caso de las visas de este tipo, el lapso de vigencia inicial será de un año. Luego, el extranjero podrá tramitar las autorizaciones para que continúe en territorio español por un periodo aproximado de hasta tres (3) años.

Visa de Traslado Intraempresarial.

Permite residir legalmente en España a directivos o especialistas de determinadas empresas con sede en territorio español, pudiendo realizar una formación, actividad o dirigir uno o varios equipos de trabajo.

Para la solicitud de esta visa, se deberá cumplir con una serie de requisitos que, aparte de los generales, serían: Existencia de una relación laboral con un periodo de tiempo mínimo de tres meses y una experiencia profesional de tres años. Con respecto a la empresa, ésta deberá acreditar el traslado y justificar la actividad que va a desarrollar el trabajador.

Modalidades de Traslado Intraempresarial.

Modalidad ICT-UE:

Aplica para trabajadores especialistas o Directivos del grupo o empresa extranjera con sede en la Unión Europea; en este caso en concreto el desplazamiento tendrá una duración máxima de tres años y para las formaciones un (1) año.

Autorización Nacional por traslado Intraempresarial:

Se enfoca en la ejecución del contrato o por la relación profesional; sea éste, entre una empresa extranjera y una española con una duración de tres años como máximo o menor, dependiendo del acuerdo al que se haya llegado a nivel contractual.[22]

---

[22] Ley 14/2013, de 27 de septiembre, de apoyo a los emprendedores y su internacionalización. Ley 28/2022, de 21 de diciembre, de fomento del

Visa para Extranjeros Inversores (Visa Golden).

Podrá optar por una visa de estancia o de residencia el extranjero que desee realizar una o varias inversiones en territorio español. En este sentido, se parte de un monto mínimo que, para los casos de compra de bienes inmuebles serán quinientos mil euros; para compra de acciones, fondo de inversión y participaciones un millón de euros y para deudas públicas dos millones de euros.

La solicitud podrá ser realizada por la parte interesada o a través de un representante legal teniendo oportunidad de reagrupar a la familia (cónyuge, hijos, ascendientes).

Deberá cumplir con una serie de requisitos previos para realizar el trámite migratorio como: Pasaporte vigente; seguro de salud; antecedentes penales; justificación de fondos suficientes para sí y para su grupo familiar; documento de propiedad del bien inmueble o certificado donde se constate la inyección de capital en acciones; deuda pública; participación adquirida en sociedades; entre otros requerimientos adicionales que le podrán ser exigidos por la autoridad correspondiente.

Cabe resaltar que, cuando el solicitante se encuentre fuera del territorio español, le será concedido un permiso por una duración de un año; transcurrido ese tiempo deberá solicita una autorización de residencia.

---

ecosistema de las empresas emergentes. Directiva 2014/66/UE del Parlamento Europeo y del Consejo, de 15 de mayo de 2014, relativa a las condiciones de entrada y residencia de nacionales de terceros países en el marco de traslados intraempresariales. Ley 25/2015, de 28 de julio, de mecanismo de segunda oportunidad, reducción de la carga financiera y otras medidas de orden social.

Para el caso que, se encuentre en España de forma legal, podrá optar por una autorización de residencia por un lapso de tres años para sí y para su familia, con permiso de trabajo y con la posibilidad de renovarla siempre y cuando mantenga la inversión en el país[23].

Para este tipo de trámites, es indispensable estar revisando constantemente y con mucho detenimiento las respectivas modificaciones a las instrucciones publicadas; debido a que la legislación española está en un constante cambio y evolución. Verbigracia, las modificaciones surgidas en unos de sus tantos artículos de la ley 14/2013 por la Ley 28/2022, concretamente para el caso que nos ocupa el articulo 62 letra "C" del apartado 3 y el apartado 1 del artículo 67. Asimismo, es crucial considerar el anuncio reciente del Presidente del Gobierno, Pedro Sánchez, respecto al inicio del proceso para eliminar la "Visa Golden". Aunque su presión tiene un valor principalmente simbólico, se anticipa que tendrá un impacto limitado, pero significativo en ciertas áreas específicas.

Es importante estar atento a los anuncios oficiales y las actualizaciones legislativas, para obtener la información más precisa y actualizada sobre la entrada en vigor; ya que, aunque no se ha

---

[23] Ley 14/2013, de 27 de septiembre, de apoyo a los emprendedores y su internacionalización. Ley 28/2022, de 21 de diciembre, de fomento del ecosistema de las empresas emergentes. Ley 22/2014, de 12 de noviembre, por la que se regulan las entidades de capital-riesgo, otras entidades de inversión colectiva de tipo cerrado y las sociedades gestoras de entidades de inversión colectiva de tipo cerrado, y por la que se modifica la Ley 35/2003, de 4 de noviembre, de Instituciones de Inversión Colectiva. Ley 18/2022, de 28 de septiembre, de creación y crecimiento de empresas. Ley 25/2015, de 28 de julio, de mecanismo de segunda oportunidad, reducción de la carga financiera y otras medidas de orden social.

proporcionado una fecha exacta, es probable que se lleve a cabo en un futuro cercano, considerando la urgencia expresada por el Gobierno.

CAPÍTULO VI

Residencia de Larga Duración:

Es una autorización por tiempo indefinido para el extranjero que ha permanecido de forma regular e ininterrumpida por más de cinco años en España; de igual, para aquellos extranjeros quienes han sido titulares de Tarjeta Azul de la Unión Europea y hayan tenido una permanencia anterior a dos (2) en territorio español, previos a la solicitud. Estos podrán realizar el respectivo trámite para así quedar autorizados, previa Resolución favorable, a ejercer cualquier actividad laboral legal; sea esta, por cuenta ajena o por cuenta propia.

Para aplicar a la residencia permanente, el extranjero deberá presentar el formulario correspondiente **EX11** debidamente cumplimentado; aparte deberá cumplir cabalmente con los supuestos estipulados en el artículo 148 del Real Decreto 577/2011, el cual determinará los pasos a seguir y para que casos aplica a su respectivo otorgamiento o concesión de forma exitosa.

Ahora bien, en este punto es importante señalar que, aparte de los documentos muy específicos que el extranjero debe aportar, hay otros documentos generales, como: Pasaporte; antecedentes penales; certificados de escolarización (en caso de tener menores en edad para escolarización obligatoria); acreditación del tiempo de permanencia en territorio español; entre otros soportes tipificados en el artículo 149 del Real Decreto 577/2011.

Se hace la salvedad que, la ausencia que se genere en el territorio español por parte del extranjero no afectará su continuidad; eso sí, dichas ausencias deberán ser justificadas partiendo inicialmente de hasta seis (6) meses continuados, siempre y cuando no supere el total de diez (10) meses dentro de los cinco años; las ausencias por motivos laborales serán de hasta seis (6) meses continuados, siempre que no se supere un total de un año dentro de los cinco (5) años. En relación con los titulares de Tarjeta Azul-UE, la ausencia de la Unión Europea no afectará, siempre que ésta sea de hasta un (1) año de forma continua; eso sí, no superando la suma de año y medio dentro de los cinco (5) años de residencia para tales efectos requeridos.

Cabe destacar que, ya otorgada la Residencia Permanente, el extranjero tendrá la obligación de renovar la tarjeta de identidad sesenta (60) días antes de su vencimiento; es decir, cada cinco (5) años, cumpliendo con los requisitos para la misma; tales como: formulario **EX17** debidamente cumplimentado, pasaporte, impreso de la tasa debidamente pagada y una fotografía.[24]

Nacionalidad por Residencia.

Para optar por la Nacionalidad Española por Residencia es indispensable permanecer en el territorio español por un periodo de 10 años de forma ininterrumpida y poseer una conducta cívica e integración social, de acuerdo con lo establecido en el Real Decreto 1004/2015, del 6 de noviembre, Ley 19/2015, del 13 de julio, Código Civil Español artículo 22, el cual se modifica por la Ley 8/2021 (letra C del artículo 22.2).

Ahora bien, por vía excepcional el extranjero que acredite las siguientes circunstancias podrá solicitar la Nacionalidad por Residencia a los cinco años, si es refugiado. Dos años, si es nacional de país iberoamericano (Argentina, Bolivia, Brasil, Chile, Colombia, Costa

---

[24] Real Decreto 557/2011, del 20 de abril, por el que se aprueba el Reglamento de la Ley Orgánica 4/2000, sobre derechos y libertades de los extranjeros en España y su integración social.

Rica, Cuba, Ecuador, El Salvador, Guatemala, Honduras, México, Nicaragua, Panamá, Paraguay, Perú, Puerto Rico, República Dominicana, Uruguay y Venezuela).

Como también países que han de tener una conexión histórica tal como Andorra, Filipinas, Guinea Ecuatorial, Portugal; así como personas de origen sefardí. Un año, si es nacido en territorio español; así como el que no ha ejercido su derecho de nacionalidad por opción y las personas casadas con español o española. Esto mismo, se aplica al viudo o viuda de español, siempre y cuando no hubiesen estado separados al momento del fallecimiento. De igual forma, los nacidos fuera del territorio español que hayan sido hijos o nietos de españoles de origen (Ley de Memoria Democrática).

Este trámite se realiza a través la Sede Electrónica del Ministerio de Justicia (www.sede.mjusticia.gob.es) o presencial. En este punto cabe resaltar que es un proceso que requiere de mucha paciencia, por los lapsos de espera que en la actualidad son muy largos; asimismo, no conllevando que el trámite sea positivo, pues la Resolución puede que sea favorable o desfavorable. Por ello, antes de realizar el trámite es muy importante revisar con detenimiento los requisitos exigidos, para lograr una decisión positiva y no encontrarse con sorpresas por ser un proceso que requiere su tiempo.

En relación a los requisitos que debe presentar el extranjero, podemos señalar: Modelo 790-026 debidamente cumplimentado; TIE; Tarjeta Familiar UE, Certificado del Registro Central de Extranjeros o del Registro de ciudadano de la UE; Pasaporte en vigor del país de origen; Certificación de nacimiento; antecedentes penales vigentes; Diploma del Instituto Cervantes de la prueba de conocimientos constitucionales y socioculturales (CCSE) y la prueba de conocimiento del idioma español (DELE); para el caso de aquellos extranjeros que pertenezcan a un país donde la lengua oficial sea el castellano quedará exento de presentar el examen DELE, como también para los casos donde acredite conocimiento de la lengua española mediante un certificado oficial de enseñanzas de español como lengua extranjera, certificados de Aptitud y Certificación Académica de Ciclo elemental expedidos por el Ministerio de Educación, Cultura y Deporte, Consejerías competentes de las CC.AA, o Escuelas Oficiales de Idiomas; para el caso de, aquellas personas que posean un título correspondiente a la ESO podrán presentarlo sin necesidad de solicitar la dispensa de carácter previo que han de exigir.

Para las personas con capacidad modificada judicialmente donde actúe un representante legal debidamente acreditado, como para menores en edad hasta los catorce (14) años, se deberá aportar: Pasaporte vigente, Certificado de Nacimiento, identificación del representante legal; certificado donde se evidencie el nivel de integración para menores en edad escolar obligatoria; TIE, Tarjeta de Residencia UE o Certificado de Registro de ciudadano de la UE y Modelo de solicitud debidamente firmado por el representante legal.

En los casos de aquellos menores que estén en una edad mayor de 14 años y menores de 18 años, no emancipados, o en su defecto con la capacidad modificada judicialmente que pueden actuar en nombre propio y asistidos por su representante legal, tendrán que presentar los documentos generales a los que antes se ha hecho mención, aparte de: para mayores de dieciséis (16) años Certificado de Residencia (empadronamiento) o certificado de acogida que acredite el grado de integración; certificado formativo; documento correspondiente donde se evidencie la relación paternofilial o el Auto Judicial donde este sentado de forma clara la figura de representación y sobre quien recae la misma; entre otros documentos que le puedan ser requeridos por las autoridades Administrativas.

Nacionalidad Española por Residencia para Persona Extranjera Reconocida como Refugiado:

Para estos casos en concreto, como ya se ha mencionado anteriormente, previo cumplimiento del lapso estipulado por ley para poder acceder a la Nacionalidad por Residencia tendrá que presentar: certificación emitida (de fecha menor a seis meses) por la Oficina de Asilo y Refugio (OAR) en relación con su condición; Documento de viaje, TIE donde se evidencie la condición de Refugiado; entre otros documentos que le serán exigidos de acuerdo con la legislación vigente.

Jura de Nacionalidad Española:

Aplica exclusivamente cuando se obtiene una Resolución Favorable, previa cita ante el Registro Civil del domicilio donde se encuentre empadronado para prestar Juramento de Promesa de Fidelidad al Rey y obediencia a la Constitución y a las leyes del Reino de España. Se hace la salvedad que puede darse el caso que tenga que renunciar a la nacionalidad de origen, si no pertenece a un país Iberoamericano, así como a Andorra, Filipinas, Guinea Ecuatorial y Portugal.

Es importante tener en cuenta que ha de tener un plazo de 180 días desde la notificación de la concesión de la nacionalidad para realizar la jura bien se ante el Registro Civil o Notario de la provincia donde se encuentre domiciliado; acreditando una documentación tales como la resolución de concesión de la nacionalidad, el certificado de nacimiento apostillado, el certificado de antecedentes penales apostillado y el padrón actualizado.

Una vez realizada la jura, si es ante notario éste enviará el acta al Registro Civil para que proceda con la inscripción y emita el correspondiente Literal de Nacimiento para subsiguientes gestiones y un documento que le acreditará para realizar el trámite de solicitud del respectivo Documento Nacional de Identificación (DNI).

Es importante leer con detenimiento **"LA INSTRUCCIÓN DE 22 DE DICIEMBRE DE 2021, DE LA DIRECCIÓN GENERAL DE SEGURIDAD JURÍDICA Y FE PÚBLICA, POR LA QUE SE ESTABLECEN CRITERIOS PARA LA APLICACIÓN EN LAS NOTARÍAS, DE LAS PREVISIONES CONTENIDAS EN EL ARTÍCULO 68.3 DE LA LEY 20/2011, DE 21 DE JULIO, DEL REGISTRO CIVIL, EN RELACIÓN CON LAS DECLARACIONES DERIVADAS DE LAS CONCESIONES DE NACIONALIDAD POR RESIDENCIA."**, la cual tiene como objetivo clarificar el proceso y asegurar la correcta aplicación de la ley en lo que respecta a la adquisición de la nacionalidad española por residencia.

Esto permitirá que las declaraciones de voluntad relacionadas con la adquisición de la nacionalidad española por residencia se realicen ante el Encargado del Registro Civil, un Notario, o un funcionario diplomático o consular encargado de dicho registro; así como la inscripción de la declaración de voluntad regulada en el artículo 68.1 de la Ley 20/2011 y en el artículo 13.1 del Real Decreto 1004/2015, que establece un plazo de cinco días desde la declaración, para proceder a la inscripción de la adquisición de la nacionalidad española en el Registro Civil competente por domicilio del interesado. En este procedimiento, se establece una regla de competencia territorial para garantizar que no haya elección *Ad Hoc* de la Oficina de Registro Civil por parte del interesado, determinándose las pautas generales para el proceso, el notario competente, la naturaleza del instrumento público y la documentación necesaria para la declaración y la remisión electrónica del acta notarial al registro competente preferentemente.

Se considera importante destacar que, si no se cumple con el plazo de inscripción para la jura o promesa de la nacionalidad española por residencia, puede haber consecuencias significativas. Es de tener en consideración que se debe realizar la jura dentro de los 180 días siguientes a la notificación de la concesión de la nacionalidad; ya que de lo contrario el encargado del Registro Civil puede declarar la caducidad de la concesión y tendría que iniciar el procedimiento desde el principio.

En el caso que, la notificación de la concesión se realice por vía electrónica, tendrá un lapso oportuno de 10 días para descargar la resolución, comenzándose a correr el lapso de los 180 días para la jura desde el mismo momento que se descargue la resolución; ahora bien, en el supuesto negado que no acceda al contenido de la notificación en esos 10 días anteriormente descritos, se considerará efectuada la notificación y empieza el conteo de los 180 días.

Para el caso de que la cita para la jura sea posterior a los 180 días, pero se haya solicitado dicha cita dentro de ese plazo, no hay problema; ya que el plazo se detiene desde el día de la asignación de la cita. Si ésta es muy lejana, se recomienda realizar la jura ante un notario en forma de Acta de Manifestaciones tal como he comentado anteriormente.

Nacionalidad por Valor de Simple Presunción.

Se ha de reconocer a aquellos niños nacidos en territorio español cuyos padres sean extranjeros o apátridas y su país de origen no les reconozca, de acuerdo con el artículo 17 literal C del Código Civil Español.

Hay que tener muy en cuenta que, no es un proceso del todo sencillo, ya que requiere de una serie de circunstancias para que al menor le pueda ser concedida la nacionalidad española; tal es el caso de progenitores nacionales de Argentina, Bolivia, Brasil, Cabo Verde, Colombia, Costa Rica, Cuba, Guinea Bissau, Panamá, Paraguay, Perú, Portugal, Santo Tomé y Príncipe y Uruguay, o en su defecto que ambos progenitores posean nacionalidades diferentes siempre y cuando estén dentro de las antes indicadas.

Existen varias excepciones que permiten a los recién nacidos obtener la nacionalidad española bajo circunstancias especiales:

Marruecos: Los hijos de mujeres marroquíes pueden obtener la nacionalidad española si el padre es originario de uno de los países mencionados anteriormente (Argentina, Bolivia, Brasil, Cabo Verde, Colombia, Costa Rica, Cuba, Guinea Bissau, Panamá, Paraguay, Perú, Portugal, Santo Tomé y Príncipe y Uruguay).

Ecuador: La nacionalidad española se otorga únicamente a aquellos nacidos de padres ecuatorianos, si su nacimiento ocurrió antes del 20 de febrero de 2008. Sin embargo, es importante resaltar que el menor podrá optar a la nacionalidad española por residencia después de un año de residencia legal en España; siempre y cuando sus padres estén en situación legal.

Palestina: Debido a la complejidad de la legislación, es necesario analizar cada caso individualmente para determinar la elegibilidad para la nacionalidad española; la cual, por medio de la Instrucción de 25 de octubre de 2022, de la Dirección General de Seguridad Jurídica y Fe Pública, detalla el derecho de opción a la nacionalidad española para ciertos casos; incluyendo aquellos relacionados con el exilio por razones políticas, ideológicas, de creencia o de orientación e identidad sexual.

Es importante señalar que el reciente reconocimiento de Palestina por parte de España (junio 2024) podrá tener implicaciones en la legislación aplicable a los palestinos, que buscan la nacionalidad española.

Ahora bien, para realizar la solicitud, los padres podrán ir directamente, o por representante, ante el Registro Civil, presentando una serie de documentos como: Pasaporte; Tarjeta de Identidad de poseerla; Empadronamiento vigente; Literal de Nacimiento del menor emitida por el Registro Civil en el cual fue inscrito al momento del nacimiento; certificado de nacionalidad de los padres del menor; certificado de no atribución de nacionalidad y certificado de no inscripción debidamente emitida por el Consulado de su país de donde tenga su domicilio.

Es importante destacar que la situación legal que tenga, sea ésta de residencia o nacionalidad, no afectará de manera alguna la solicitud; de igual forma, de acuerdo con el artículo 93.1 de la Ley 20/2011 se establece: "...las declaraciones con valor de simple presunción tienen la consideración de una presunción legal *iuris tantum*...". Aquí **IURIS TANTUM** es una presunción de derecho que ordena admitir como probado un hecho, mientras no se demuestre lo contrario.

Nacionalidad por Opción:

Se adquiere por vía de: adopción, determinación paternofilial, Patria Potestad, o madre o padre español de origen tal y como se evidencia en los artículos 20, 17 numeral 2 y 19 numeral 2 del Código Civil Español.

Se tramitará directamente por el interesado o por su representante, previo cumplimiento de los requisitos necesarios, ante el Registro Civil del domicilio o por vía telemática a través de la web del Ministerio de Justicia.

Los documentos iniciales que han de presentarse son: Pasaporte; empadronamiento vigente; Certificado de Nacimiento (Literal de Nacimiento) legalizado y debidamente apostillado, que de estar en otro idioma deberá ser traducido por intérprete; Literal de Nacimiento del padre o madre español; siempre teniendo presente que en cualquier momento se le requerirá algún otro documento que el funcionario considere pertinente.

Ley de Memoria Democrática (Ley de Nietos)

Abre un camino a aquellos descendientes de españoles, que fueron exiliados, para que puedan reclamar su derecho a la ciudadanía española. En esta oportunidad se extiende a hijos y nietos de aquellos que tuvieron que dejar España, siempre que se cumplan ciertas condiciones establecidas por la ley propiamente.

Ahora bien, más allá de la nacionalidad, esta ley persigue un propósito más amplio y profundo: construir un relato de la historia que abrace la diversidad y la inclusión. Busca honrar y restituir la dignidad de quienes sufrieron durante periodos de conflicto y represión, asegurando que su memoria se preserve con respeto y justicia.

Es por ello que, la Disposición Octava de la Ley 20/2022, del 19 de octubre, permitirá acogerse a todos aquellos descendientes que tengan una relación estrecha con españoles. Dicha solicitud podrá realizarse ante el Consulado General de España de su demarcación; así como, si se encontrare en territorio español, ante el Registro Civil del domicilio, quienes direccionarán la solicitud al Registro Central para su conocimiento y demás fines correspondientes; destacando que deberá estar al pendiente de la emisión del número de expediente pasados dos meses, comunicándose directamente al Ministerio de Justicia. Ya con dicho número podrá hace el seguimiento de su caso.

El lapso para la respectiva emisión de pronunciamiento es de tres (3) meses de acuerdo con la ley; aquí se hace énfasis que en la actualidad existe un retardo considerable por parte de algunos Consulados Generales de España, donde se han observado plazos de más de un año. El mismo lapso se está aplicando para los expedientes interpuestos en territorio español.

Desde la promulgación de la Ley de Memoria Democrática (LMD) se han ampliado las opciones para muchos familiares de españoles, trayendo consigo una novedad de no afectación directa sobre la nacionalidad que ostente el solicitante; al igual que, la competencia recaerá sobre el Encargado de la Oficina del Registro Civil, a quien en su debido momento se le formulará la promesa de juramento y la promesa de fidelidad al Rey.

Para realizar el trámite correspondiente por LMD, se ha de tener presente los requisitos exigidos por la Instrucción del 25 de octubre de 2022, en relación con los anexos que se deben cumplimentar debidamente en función al supuesto para el que aplique.

Los requisitos por presentar de acuerdo con cada anexo son:

Los nacidos fuera de España de padre o madre, abuelo o abuela, que originariamente hubieran sido españoles, deberán presentar: ANEXO I debidamente cumplimentado; hoja declaratoria de datos cumplimentada a máquina o en letra de molde; original y copia del documento que acredite la identidad del solicitante y su residencia (pasaporte); original de la Partida de Nacimiento actualizada debidamente apostillada; original de la partida de Literal de Nacimiento del padre, madre, abuelo o abuela, que originariamente hubieran sido españoles. Si se encontrare inscrito en el Consulado General de España de la demarcación, puede escoger entre: indicar el libro y página de la inscripción, aportando una copia simple o solicitando una original por correo electrónico; también deberá presentar copia compulsada del documento que acredite la identidad de los progenitores del solicitante (identificación del país o pasaporte). Si la solicitud se formula como nieto/a de abuelo/a originariamente español, se aportará, además, copia de la certificación de nacimiento del padre o madre (IUS SANGUINIS), según corresponda a la línea del abuelo o abuela españoles de origen y partida de matrimonio de los de los padres o abuelos en caso de que estuvieran casados; en caso de que no exista un literal de nacimiento de los abuelos podrá presentar copia del certificado de bautismo acompañada de una certificación negativa del registro civil (declaración de no estar registrados) y certificado de defunción en caso de que estén fallecidos.

Los nacidos fuera de España de padre o madre, abuelo o abuela, que originariamente hubieran sido españoles que como consecuencia de haber sufrido exilio con salida de territorio español entre el 18 de julio de 1936 y el 31 de diciembre de 1955, y entre el 1 de enero de 1956 y el 28 de diciembre de 1978 por razones políticas, ideológicas o de creencia o de orientación e identidad sexual, hubieran perdido o renunciado a la nacionalidad española, deberán aportar: ANEXO I; hoja declaratoria de datos; original y copia del documento que acredite la identidad del solicitante y su residencia (pasaporte); original de la Partida de Nacimiento del solicitante debidamente apostillada; original de la Partida de Nacimiento del padre, madre, abuelo o abuela, exiliado del solicitante que originariamente hubieran sido españoles; copia compulsada del documento que acredite la identidad de los progenitores (documento de identidad o pasaporte); documentación que acredite la condición de exiliado del padre, madre, abuelo o abuela (han de Estar apostillados); deberán acreditar la salida del territorio español con documentos de partidos políticos, sindicatos u otras instituciones relacionadas con el exilio; si la solicitud se formula como nieto/a de abuelo/a originariamente español, tendrán que aportar original o copia certificada de la Partida de Nacimiento del padre o madre que corresponda a la línea del abuelo o abuela españoles; en caso de no poseer literales de nacimiento podrá presentar copia del certificado de bautismo con una certificación negativa del Registro Civil; si el padre o madre, abuelo o abuela originariamente español hubiera perdido la nacionalidad española, presentarán el documento acreditativo donde se evidencie la fecha de adquisición de nacionalidad en el país extranjero y los documentos de identidad anteriores; como también podrá presentar original o copia certificada de la partida de matrimonio de los de los padres o abuelos, en caso de que estuvieran casados; y en caso de estar fallecidos Certificado de Defunción.

Nacidos fuera de territorio español de mujeres españolas de origen, que perdieron su nacionalidad por contraer matrimonio con nacional no comunitario antes de la entrada en vigor de la Constitución Española de 1978. Estos deberán aportar el ANEXO II, documento que acredite la identidad del solicitante (Pasaporte); Certificado de Nacimiento emitido por la autoridad competente debidamente legalizado y apostillado; Literal de Nacimiento de la madre del solicitante como prueba de que es o nació en territorio español; certificado de matrimonio de los padres donde se constante que contrajeron nupcias entre el cinco (5) de agosto y veintiocho (28) de diciembre de 1978 debidamente legalizada y apostillada; certificado oficial emitido por las autoridades competentes en adquisición de nacionalidad el cual le fue concedida a la mujer de origen español casada con nacional no comunitario.

A los que les han reconocido el derecho de nacionalidad española de origen, de acuerdo al derecho opción establecido en la Ley de Memoria Histórica (Ley 52/2007), podrán optar hijos mayores de edad a la Nacionalidad por Opción de acuerdo a la Ley 20/2022, presentando documentos, tales como: formato ANEXO III llenado y firmado; documento acreditativo de identidad del solicitante (Pasaporte); Certificado de Nacimiento emitido por la autoridad competente debidamente legalizado y apostillado; Literal de Nacimiento del padre, o de la madre del o los solicitantes a quienes se le ha reconocido la nacionalidad española de origen.

Ahora bien, se ha de resaltar que en el supuesto negado que se requieran otros documentos, al solicitante le será otorgado un plazo de treinta días, previa notificación al domicilio o por vía electrónica según aplique el caso, para responder dicha solicitud.

Se resalta de igual forma que, en los casos de hijos tanto de padre o madre de origen español, o aquellos que se encontrasen bajo la patria potestad hubieren optado a la nacionalidad española de acuerdo con el artículo 20, numeral 1, literal A y B del Código Civil Español, podrán optar a la nacionalidad española de origen sobrevenida de acuerdo con la Ley 20/2022 (LMD).

En caso de no cumplir con los requisitos dispuestos en la Ley de Memoria Democrática, se le notificará por Resolución el motivo por el cual se le ha de negar la solicitud, a efectos de que pueda interponer el correspondiente recurso ante la Dirección General de Seguridad Jurídica y Fe Pública del Ministerio de Justicia.

Con respecto a las solicitudes, se debe tener muy presente que el solicitante debe dirigirse al Consulado General de España del país donde resida, ajustándose siempre a las normas y exigencias que imparta el consulado para las solicitudes de cita; sea ésta a través de: correo electrónico, consignación de documentos incluyendo el anexo que le corresponda para su revisión y respectiva creación de usuario y contraseña, cita previa por página web, entre otros[25].

Se debe tener presente que si usted es nacido en otro país diferente de donde presenta los documentos, el Consulado General de España de su domicilio actual se encargará de enviar los documentos por Valija al Consulado General de España de su país de nacimiento, para su respectivo estudio; de igual forma, si son varios los familiares

---

[25] Indagatorias previas realizadas a solicitudes interpuestas en los Consulados Generales de España en Boston, Miami, Bogotá y Venezuela; ya con varios casos favorables.

que realizan la solicitud deberán dejar sentado que en uno de los expedientes reposan los originales de literales de aquellos familiares españoles.

Es de suma importancia que revise con detenimiento la página del Consulado General de España, tanto de su país de residencia como de nacimiento, para que presente los documentos correspondientes de forma correcta; ya que eso le evitará una futura subsanación o, incluso, una respuesta desfavorable.

A partir del 18 de marzo de 2024, los Consulados han implementado una ruta excepcional que permite a los hijos mayores de edad de solicitantes de la nacionalidad española, bajo la Ley de la Memoria Democrática, presentar su propia solicitud utilizando el ANEXO III. Esta medida es significativa, ya que no requiere que la solicitud de nacionalidad de sus progenitores (padre o madre) haya sido resuelta como condición previa. Estas personas pueden presentar la solicitud adjuntando el justificante o resguardo de presentación del expediente por parte de su padre/madre.

Con respecto a que si requiere le sean emitidos los literales de nacimiento del padre o madre, abuelo o abuela español, podrá presentarlos en paralelo con su solicitud, bajo el Anexo IV; también podrá tramitarla directamente por el Registro Civil de su domicilio, si se encontrare en territorio español; indicando lugar de nacimiento, el tomo, la página y el folio de tenerlo; o por la página web del Ministerio de Justicia en caso de tener el sistema Cl@ve.

Para los casos de los Literales de Nacimiento inscritos en el consulado General de su país de nacimiento, podrá solicitarlo directamente por uno de sus correos electrónicos, si fuere el caso; anexando una copia del literal o el número de tomo, página y folio.

Declarado favorable su expediente, le será comunicado para la jura; siendo entregado en ese momento el Literal de Nacimiento correspondiente y puede solicitar su pasaporte español.

Quiero resaltar que, de acuerdo con la declaración del Ministro de Política Territorial y Memoria Democrática de España, Ángel Víctor Torres, de fecha 04 de marzo 2024, se anunció una importante prórroga para la Ley de Nietos. Esta medida extiende el plazo para que los descendientes puedan solicitar la nacionalidad española hasta finales del año 2025. Originalmente, el vencimiento estaba previsto para octubre de 2024; sin embargo, debido a la alta demanda y a la lentitud en el procesamiento de las solicitudes, han decidido ampliar el período de aplicación. Aunque esta prórroga se ha comunicado a nivel de consulados mediante una instrucción interna, aún no se ha oficializado en el Boletín Oficial del Estado (BOE). Por lo tanto, es crucial mantenerse informado y atento a las actualizaciones oficiales.

SEGUNDA PARTE
RÉGIMEN DE PROTECCIÓN ESPECIAL.

CAPÍTULO VII

Asilo y/o Protección Subsidiaria:

El Asilo, así como la Protección Subsidiaria, traen consigo una serie de directrices relevantes y aplicables para nacionales no comunitarios y apátridas, que por razones de diferentes índoles han ingresado a territorio español y requerido a las autoridades de España la debida protección internacional; amparándose en la Convención de Ginebra del 28 de julio de 1951 y su Protocolo suscrito en Nueva York el 31 de enero de 1967, la Constitución Española, la Ley 12/2009 del 30 de octubre reguladora del derecho de asilo y protección subsidiaria y la Carta de Derechos Fundamentales de la Unión Europea de 2007.

Bajo estas premisas, el Estado Español estará en la obligación de protegerles desde el mismo momento que el extranjero ha solicitado la protección, por provenir de un país en conflicto, sea este perseguido o corra un riesgo eminente en vida.

Asilo:

Aplica para nacionales no comunitarios donde prevalece una violación de derechos humanos y en algunos casos Violencia de Estado; por los cuales al extranjero afectado se le imposibilita el retorno a su país de origen, debido a fundados y razonables temores, sobre una persecución por raza, religión, opiniones políticas y pertenencia a determinado grupo social, sea éste de género u orientación sexual; aplicando de igual forma la misma teoría para el caso de los apátridas (no posee nacionalidad de ningún país), que hallándose fuera del país donde antes tuvo su residencia habitual tuviere los mismos motivos por los cuales se le imposibilita el retorno.

Protección Subsidiaria:

Se ha de conceder a nacionales no comunitarios y apátridas que no cumplen con los requisitos previstos para el otorgamiento de asilo; siempre y cuando teman regresar a su país de origen o de última residencia por correr un riesgo real de pena de muerte, tratos inhumanos, amenazas graves, que genere un inminente peligro en vida.

Razones Humanitarias:

Aplica para aquellos venezolanos solicitantes de Protección Internacional, en el cual le ha sido desestimada su solicitud (Artículo 37 literal B de la Ley 12/2009).

Organizaciones No Gubernamentales (ONG).

Entiéndase como entidades sin fines de lucro que han de encargarse de manera desinteresada en proporcionar atención legal gratuita e incluir en un sistema de acogida a todo aquel migrante en situación de vulnerabilidad, garantizándole una defensa de sus derechos fundamentales, de acuerdo con el marco normativo; de igual forma, actuarán como mediadores ante los distintos actores sociales.

Dentro de las ONG más reconocidas, por su actuación pública y notoria en la defensa de los derechos de los migrantes, podemos encontrar: ACCEM, CEAR, ACNUR, Cruz Roja, Cáritas Diocesanas, Movimiento por La Paz, Red Acoge, ubicadas a lo largo de toda España.

También podemos encontrar otras ONG más pequeñas, pero importantes, quienes le prestaran apoyo orientativo y legal; pudiendo ubicarse de forma fácil previa indagatoria en la provincia donde fije su domicilio, aparte de las antes indicada.

Se destaca que, por los grandes cambios significativos que se vienen generando de un tiempo para acá, por el enorme volumen migratorio, todas las ONG vienen manejando los diferentes casos bajo la premisa de una "línea económica"; ya que la gran mayoría de migrantes no cumple con los requisitos para optar para el Asilo y/o Protección Subsidiaria; dejando claro de entrada que solo entre un 1% o 2% de los migrantes los cumplen.

Centros de Acogida:

Dependen de la Dirección General de Inclusión y Atención Humanitaria, el cual se encarga de determinar los programas que posteriormente desarrollan los centros de migraciones, calificándolos por una parte como una red de centros de migraciones de carácter público, integrada por los centros de acogida a refugiados (CAR) regulados en la Orden Ministerial del 13 de enero de 1989, los centros de estancia temporal de inmigrantes (CETI) en Ceuta y Melilla, así como, en su caso, por los centros de nueva creación de acuerdo al artículo 264.3 del Real Decreto 577/2011; y por otra parte los sistemas de plan de acogida gestionados directamente por diferentes ONG encargadas de acuerdo al artículo 31.1 de la Ley 12/2009 el cual se modifica por la Disposición Final Séptima del Real Decreto ley 10/2022, del 13 de mayo, para aquellos casos donde el Solicitante de Asilo no posea recursos para atender las necesidades para sí y su grupo familiar.

Este programa del plan estatal de acogida aplica para los que hayan manifestado su voluntad de solicitar asilo; su duración será de un año (1) y seis (6) meses, pudiendo ser prorrogadas a dos (2) años para aquellos casos donde se determine el nivel elevado de vulnerabilidad de la persona y del grupo familiar que le acompañe.

Se destaca que, se evaluarán las circunstancias personales; pero, deberá tener muy en cuenta que, si opta por el plan de acogida, no se le garantiza bajo circunstancia alguna su estadía en la ciudad y provincia donde pretenda determinar su domicilio. Por eso es recomendable que no lo solicite, sí no presenta una necesidad extrema;

ya que la facultad de asignación de plazas será exclusiva del Ministerio de Inclusión, de acuerdo con disponibilidades.

Ahora bien, inicialmente mientras reciben la plaza se le dirigirá a un alojamiento; eso sí, garantizándoles alimentos, utensilios de higiene personal, entre otros.

Dentro del plan de acogida recibirán un acompañamiento psicológico y social constante; como también, podrá acceder a clases de idiomas, formaciones y ayudas para reconocimiento de titulaciones; sean estas Universitarias o no; así como facilidades de búsqueda de empleo a través de un orientador laboral.

Algunas de las entidades a las que podrá acudir para solicitar el plan de acogida son:

1. Cruz Roja: por correo electrónico de encontrarse en Madrid **administracion.refugiados@cruzroja.es** y presencialmente si se encuentra en la provincia de Alicante, Almería, Baleares, Cantabria, Castellón, Gerona, Granada, Huelva, Jaén, La Rioja, Lérida, Navarra, Tarragona, Valencia.

2. CEAR: Provincia de Álava, Cádiz, Canarias, Guipúzcoa, Málaga, Sevilla y Vizcaya.

3. ACCEM: Provincia de Albacete, Asturias, Ávila, Badajoz, Burgos, Cáceres, Ciudad Real, Córdoba, Cuenca, Guadalajara, Huesca, La Coruña, León, Lugo, Murcia, Orense, Palencia, Pontevedra, Salamanca, Segovia, Soria, Teruel, Toledo, Valladolid, Zamora, Zaragoza.

CAPÍTULO VIII

Solicitud de Protección Internacional en Territorio Español:

Podrá solicitarla directamente el extranjero proveniente de un tercer país en un plazo no mayor a treinta (30) días, desde la fecha de ingreso a territorio español; sea ésta por vía electrónica si la provincia donde reside está en el sistema de la página web: **https://icp.administracionelectronica.gob.es/icpplus/acopcdirect** o llamando a la Oficina de Asilo y Refugio de la Comisarías de Policía autorizada; por correo electrónico o presencialmente, donde se le requerirán los datos generales, tales como: número de pasaporte; país de origen; nombre y apellido completo; año de nacimiento; correo electrónico; número telefónico, tanto de sí mismo como de su núcleo familiar si le acompañare; entre otras preguntas que pueda realizar el funcionario de la Policía, para el otorgamiento de la cita correspondiente, en caso de ser por vía telefónica o presencial.

Para efectos de solicitar la cita, en la página web **https://www.policia.es/miscelanea/extranjeros/contacto_solicitud_asilo.pdf** la Policía Nacional Española publica los teléfono o correos electrónicos, según sea el caso, de acuerdo con la provincia y ciudad donde se encuentre. A continuación, se anexa los datos para agosto 2023; no obstante, tanto por legibilidad de la información, como por cambios que hagan las autoridades, se recomienda verificar la información de contacto directamente en la dirección web arriba indicada.

EXTRANJERÍA EN ESPAÑA 2024, Guía Práctica.

JEFATURA SUPERIOR DE POLICÍA	COMISARÍAS	MEDIO	MEDIO CONCRETO
ANDALUCÍA OCCIDENTAL	CÁDIZ	INTERNET	https://sede.administracionespublicas.gob.es
		CORREO ELECTRÓNICO	cadiz.asilocitaprevia@policia.es
	CÓRDOBA	TELÉFONO	957594735
	SEVILLA	INTERNET	https://sede.administracionespublicas.gob.es
		TELÉFONO	954289616
		CORREO ELECTRÓNICO	sevilla.asilocitaprevia@policia.es
	HUELVA	PRESENCIAL	P.º de la Glorieta, 2, Huelva

JEFATURA SUPERIOR DE POLICÍA	COMISARÍAS	MEDIO	MEDIO CONCRETO
ANDALUCÍA ORIENTAL	GRANADA	INTERNET	https://icp.administracionelectronica.gob.es/icpplus/index.html.
	ALMERÍA	TELÉFONO	659.934.841
	JAÉN	CORREO ELECTRÓNICO	jaen.asilocitas@policia.es
	MÁLAGA	INTERNET	https://icp.administracionelectronica.gob.es/icpplus/index.html.
ARAGÓN	HUESCA	CORREO ELECTRÓNICO	huesca.asilo@policia.es y jaca.asilo@policia.es
	ZARAGOZA	CORREO ELECTRÓNICO	zaragoza.asilo@policia.es
	TERUEL	CORREO ELECTRÓNICO	teruel.asilo@policia.es

ASTURIAS	OVIEDO	INTERNET	https://icp.administracionelectronica.gob.es/icpplus/index.html.
	GIJÓN	INTERNET	https://icp.administracionelectronica.gob.es/icpplus/index.html.
CANARIAS	GRAN CANARIA	PRESENCIAL	C. Luis Doreste Silva, 68, Las Palmas de Gran Canaria, Las Palmas
	TENERIFE	TELÉFONO	928855932
CANTABRIA	SANTANDER	TELÉFONO	942.361.034 - 942.361.080.
CASTILLA Y LEÓN	ÁVILA	INTERNET	https://icp.administracionelectronica.gob.es/icpplus/index.html.
	PALENCIA	PRESENCIAL	Avda. Simón Nieto 8, Palencia
	SORIA	INTERNET	https://icp.administracionelectronica.gob.es/icpplus/index.html.
	VALLADOLID	INTERNET	www.administracionespublicas.gob.es
	BURGOS	INTERNET	https://icp.administracionelectronica.gob.es/icpplus/index.html.
	SALAMANCA	PRESENCIAL	C/ Jardines s/n, Salamanca
		CORREO ELECTRÓNICO	salamanca.extranjeria@policia.es
		TELÉFONO	923.127.709 (en circunstancias excepcionales de fuerza mayor)
	SEGOVIA	PRESENCIAL	P.º Ezequiel González n.º 22, Segovia
	ZAMORA	PRESENCIAL	Avda. de Requejo n.º 12, Zamora
		TELÉFONO	980.509.266
	LEÓN	TELÉFONO	690.337.379

EXTRANJERÍA EN ESPAÑA 2024, Guía Práctica.

CASTILLA LA MANCHA	CIUDAD REAL		PRESENCIAL	Rda. de Toledo n.º 27, Ciudad Real
	TOLEDO		CORREO ELECTRÓNICO	toledo.asilo@policia.es
	GUADALAJARA		CORREO ELECTRÓNICO	guadalajara.gde@policia.es
	CUENCA		CORREO ELECTRÓNICO	cuenca.bped@policia.es
	ALBACETE		CORREO ELECTRÓNICO	albacete.extranjeria@policia.es
CATALUÑA	BARCELONA		TELÉFONO	932903098
	TARRAGONA		PRESENCIAL	Pl. de Orleans s/n, Tarragona
	GIRONA		PRESENCIAL	C/ Sant Pau n.º 2, Girona
	LLEIDA		PÁGINA WEB	https://icp.administracionelectronica.gob.es/icpplus/index.html
CEUTA	CEUTA		PÁGINA WEB	https://icp.administracionelectronica.gob.es/icpplus/index.html
COMUNIDAD VALENCIANA	ALICANTE		TELÉFONO	-ALICANTE: 965148871 -ELCHE: 966614308 -BENIDORM: 966831934
	VALENCIA		TELÉFONO	649497659 / 606728940
	CASTELLÓN		TELÉFONO	689055990 (martes y jueves de 12:00 a 13:30h)
EXTREMADURA	BADAJOZ	BADAJOZ	PRESENCIAL	Av. Santiago Ramón y Cajal, 1, Badajoz
		MÉRIDA	PRESENCIAL	Av. de Valhondo, Mérida, Badajoz Horario de atención al público (mañanas de lunes a viernes)
			CORREO ELECTRÓNICO	merida.extdoc@policia.es
	CÁCERES		INTERNET	https://icp.administracionelectronica.gob.es/icpplus/index.html.

GALICIA	OURENSE		TELÉFONO	BPEF OURENSE: 988.321.703 // VERÍN: 988.414.702
	A CORUÑA	A CORUÑA	CORREO ELECTRÓNICO	acoruna.solicitudasilo@policia.es

		SANTIAGO DE COMPOSTELA	TELÉFONO	981551150, martes de 10:00 a 14:00 h
	PONTEVEDRA		PRESENCIAL	C/ Joaquín Costa n.º 17, Pontevedra
	LUGO		CORREO ELECTÓNICO	lugo.asilo@policia.es

ISLAS BALEARES	ISLAS BALEARES	MALLORCA	INTERNET	https://icp.administracionelectronica.gob.es/icpplus/index.html
		MENORCA	PRESENCIAL	- MAHÓN, plaza Miranda nº1 - CIUDADELA, calle República Argentina nº4
		IBIZA	PRESENCIAL	Avda. de la Paz s/n
LA RIOJA	LOGROÑO		TELÉFONO	941.272.002
			CORREO ELECTRÓNICO	logroño.proteccioninternacional@policia.es
			PRESENCIAL	C/ Serradero, 26, Logroño
MADRID	MADRID BPEF		TELÉFONO	913220189 Y 913220190

MURCIA	MURCIA		INTERNET	https://icp.administracionelectronica.gob.es/icpplus/index.html
MELILLA	MELILLA		TELÉFONO	952.695.770
			PRESENCIAL	C/ Actor Tallaví n.º 3, Melilla
NAVARRA	PAMPLONA		CORREO ELECTRÓNICO	pamplona.asilocitaprevia@policia.es
PAÍS VASCO	BILBAO		PRESENCIAL	C/ Gordóniz n.º 8, Bilbao
	VITORIA		INTERNET	https://icp.administracionelectronica.gob.es/icpplus/acInfo
	SAN SEBASTIÁN		INTERNET	https://icp.administracionelectronica.gob.es/icpplus/acInfo

En el día señalado para la cita de Manifestación de Voluntad, el extranjero deberá presentar para sí y su familia: empadronamiento vigente; dos fotografías tamaño carnet fondo blanco; original y copia del pasaporte; en caso de estar acompañado de cónyuge o pareja de hecho deberá proporcionar el certificado donde se constate que contrajeron nupcias o se unieron antes de su ingreso a territorio español; en caso de menores bajo su cuidado, llevar Certificado de Nacimiento que demuestre la relación paternofilial o cesión de custodia de ser el caso.

Es importante que, si le acompaña un menor al que sus padres le han cedido la custodia por vía judicial, tendrán que adelantar el trámite de **EXEQUATUR** (reconocimiento de una sentencia judicial extranjera) para la homologación respectiva, si así lo considera el letrado. Para esto, podrá realizar la consulta y subsiguiente trámite por medio de abogado de oficio, acudiendo a el Colegio de Abogados de la provincia de su domicilio, quien le proporcionará la información necesaria.

Ahora bien, la hoja que le será proporcionada por la Manifestación de Voluntad, contendrá su foto y datos correspondientes; se le indicará la fecha y hora a la que deberá comparecer para presentar formalmente la Solicitud de Protección Internacional y se le indicará en la misma que ésta no supondrá la presentación formal de protección internacional, solo le garantizará la no devolución a su país de origen y tendrá derecho a realizar estudios.

De darse el caso, si llegare a cambiar su dirección o número telefónico deberá notificarlo inmediatamente ante la oficina donde le fue emitida la Manifestación de Voluntad; al igual que se le indicará que deberá portar siempre el original de esta Manifestación de Voluntad con su pasaporte.

Se hace la salvedad que, con la Manifestación de Voluntad y cumplidos los tres (3) meses desde que se empadronó podrá solicitar el

Documento de Asistencia Sanitaria Situaciones Especiales Sistema Nacional de Salud hoja que será renovable anualmente.

Una vez llegado el día de la entrevista, que puede ser varios meses después de la Manifestación de Voluntad, el titular como sus familiares, de aplicar el caso, deberá aportar: la hoja original de la Manifestación de Voluntad; tres fotografías tipo carnet fondo blanco; pasaporte original y dos fotocopias donde se indique los datos biográficos y de las hojas que tengan sello; original del documento de identidad de su país junto con dos fotocopias; escrito debidamente fundamentado donde explique el por qué solicita asilo; los motivos que tuvo para venir a España y no otro país y justificar lo que le podría suceder si retornare a su país de origen; además, deberá aportar todas y cuantas pruebas considere pertinente que sustenten su solicitud.

En ese proceso, tanto las copias exigidas para los mayores de edad, como menores, se presentarán de forma individualizada al igual que el informe escrito; con la salvedad que, en el caso de los menores, estos deberán estar identificado en el escrito de la madre, como del padre, sin necesidad de presentar dicho informe escrito por él, por su condición de menor.

Finalizada la entrevista, que podrá ser en conjunto o individual, el funcionario procederá a realizar la lectura de su declaración para la firma respectiva y registro de huella para la emisión de la Hoja de Resguardo, con la asignación de un NIE (Número de Identificación de Extranjeros), una foto que le identifica y sus datos correspondientes. En la misma hoja se le indicará un lapso de espera correspondiente a seis (6) meses (con fecha definida) para la activación de permiso de trabajo. Es importante que tenga en cuenta que hasta esa fecha se le prohibirá trabajar y el cruce de frontera; ya que solo podrá circular exclusivamente dentro del territorio español.

Pasados los 6 meses y una vez que se active el permiso de trabajo, deberá tener muy claro la fecha de renovación para acceder a la correspondiente Tarjeta Roja; siempre y cuando no haya salido la Resolución "negativa". Ya que en ese supuesto quedará sin efecto la autorización de trabajo y entrará en un estado de irregularidad, en el cual se le informará un plazo para abandonar España.

Quiero resaltar que, ser solicitante de Asilo no implica una residencia legal y continuada; Así como que el estatus que ostentará será de "permanencia", mientras se emite la decisión por parte de la OAR.

Observaciones de Interés con Respecto a la Hoja de Resguardo.

En este punto, quiero tratar varias situaciones y consideraciones que le serán de mucha ayuda, al estar en posesión de la Hoja de Resguardo, como su documento de identificación válido en España:

1. La Dirección General de Tráfico (DGT), hasta la presente fecha, se ha manifestado en contra para los Canjes de Licencias y el Trámite de Licencias Nuevas, bajo el argumento de que existe una instrucción interna donde todos aquellos nacionales extranjeros que presenten Hoja de Resguardo no podrán acceder a los trámites respectivos, hasta tanto no posea la Tarjeta Roja. Su argumento es que se están presentando muchas falsificaciones. Esto es a pesar de que la Policía alega en la actualidad de que al emitirse la Hoja de Resguardo la misma funge como equivalente a Tarjeta Roja. Sobre este tema, existe un pronunciamiento reciente emitido por el Defensor del Pueblo previa interposición de una queja formal, pero a la fecha

no se ha verificado su aceptación por parte de la DGT; lo cual dependerá de cada oficina.

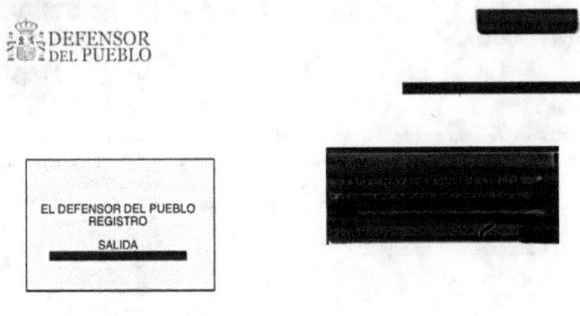

Estimada Sra.:

Se ha recibido la respuesta de la Dirección General de Tráfico, en relación con su queja, en la que se comunica lo siguiente:

«[...] en fecha 06/03/2024 se comunicó a todas las Jefaturas Provinciales y Oficinas Locales de Tráfico, encargadas de la tramitación y atención a los ciudadanos que la documentación que debe aceptarse, además de la tarjeta roja, es la siguiente:

1. Resguardo de presentación de solicitud de protección internacional (art. 18.1 a) Ley 12/2009), en el cual aparecen varios plazos que hay que tener en cuenta:

   1. Si transcurrido un mes desde que fue expedida la solicitud no se ha notificado la resolución de NO admisión a trámite, el documento pasará a tener una vigencia de 9 meses desde la fecha de expedición.
   2. A partir del sexto mes de dicha fecha de expedición, el solicitante estará autorizado a trabajar en España en las condiciones descritas en la disposición adicional vigésimo primera del Real Decreto 557/2011, de 20 de abril.

2. Resguardo de prórroga de derecho por recurso administrativo/judicial Directiva 2013/32/UE del Parlamento Europeo y del Consejo de 26 de junio de 2013. En principio se está incluyendo un plazo de vigencia, normalmente de nueve meses, aunque puede variar, pero se condiciona la validez del documento si antes de finalizar su vigencia se produjera la resolución del recurso presentado».

N° Expediente:

Dado que ha sido aceptada la Recomendación realizada por esta institución, se ponen en su conocimiento estos antecedentes en cumplimiento de lo dispuesto en el artículo 31.1 de la Ley Orgánica 3/1981, de 6 de abril, del Defensor del Pueblo, y se da por FINALIZADA la actuación con fundamento en los mismos.

Le saluda muy atentamente,

Ángel Gabilondo Pujol
Defensor del Pueblo

2. Estando ya en posesión de la Hoja de Resguardo, podrá solicitar el Certificado Electrónico FNMT a través **https://www.sede.fnmt.gob.es/certificados/persona-fisica**, el cual le será de gran utilidad; debido a que podrá ejecutar una serie de trámites desde la comodidad de un ordenador (debe ser computador personal) o teléfono Android. Allí podrá acceder a la Carpeta Ciudadana y al **Sistema DeHú** para notificaciones de los entes administrativos, entre otros. En caso de requerir ayuda al respecto, por el estado de vulnerabilidad, podrá acceder a las mismas previa orientación de un Trabajador Social; quien es el único facultado para orientarle, siendo recomendable, desde mi punto de vista, los trabajadores sociales de los ayuntamientos, como también podrá dirigirse a

Tesorería con el impreso de notificación y el respectivo código de solicitud que le han emitido.

3. Podrá solicitar cita previa en la página web del SEPE https://sede.sepe.gob.es/portalSede/procedimientos-y-servicios/personas/proteccion-por-desempleo/cita-previa/cita-previa-solicitud, para darse de Alta como Demandante Previo al Empleo (con renovación cada tres meses). Este punto es muy importante ya que podrá realizar cursos de formación, de acuerdo con el Nivel de Competencia que le activen, sea éste 1, 2 o 3 (todo dependerá si ha realizado la respectiva equivalencia y/o homologación de título extranjero, sea éste a nivel profesional o bachiller). En este punto, sí no dispone de la posibilidad de presentar las credenciales de estudio de su país de origen, podrá solicitar presentar directamente los exámenes para acceder a los Niveles de Competencia 2 y 3, en las áreas de Matemáticas, Lengua e Idiomas Extranjeros (principalmente inglés y, en algunas provincias, francés). De aprobarse dichos exámenes, podrá acceder a cursos de formación más complejos y especializados. Dichos exámenes son considerados, por muchos, complicados de no haber hecho los cursos de nivel respectivos en España. No obstante, las unidades y contenido de las materias a estudiar se consiguen en internet para todas las provincias, que comparten un plan de estudios exigido a nivel nacional. De la misma forma, se consiguen exámenes tipo para su proceso de preparación. Queda de parte del interesado acceder y prepararse para presentar los exámenes respectivos, sin optar a la realización de los cursos completos de nivel.

4. Podrá acceder a la apertura de una Cuenta Bancaria presentando su Hoja de Resguardo, Pasaporte y el Certificado como Demandante Previo al Empleo; ya que para ciertas

ayudas (y una vez autorizado a trabajar, pagos de nóminas) requerirá poseer una cuenta. En este sentido es importante destacar que, algunos bancos no aceptan la Hoja de Resguardo como documento válido para apertura de cuenta. Para los bancos SANTANDER y BBVA se ha confirmado que son aceptadas. En otras entidades bancarias deberá usted comprobar su posible aceptación. Por otra parte, también está una opción de una cuenta muy flexible, aunque limitada, a través del servicio bancario NICKEL, válido en la Unión Europea y accesible con solo el pasaporte vigente. Esta cuenta se puede activar vía *online*, con la compra de la Tarjeta de Débito Nickel (20 Euros) en cualquier Estanco de Tabaco y otras tiendas; en las cuales también podrá hacer depósitos y retiros. De igual forma, podrá usar cualquier cajero electrónico, con la aplicación de comisiones, así como recibir transferencias de otros bancos, indicando su número de cuenta IBAN.

5. Pasado los seis (6) meses y con la autorización para trabajar, podrá cambiar la figura de Demandante Previo al Empleo a Demandante de Empleo, pudiendo acceder a las respectivas Bolsas de Empleo.

6. Ya autorizado para Trabajar (pasados los seis (6) meses antes indicados), también podrá constituirse como Autónomo o Trabajador por Cuenta Ajena; de igual forma, en caso de ser profesional reconocido en territorio español podrá darse de alta en Tesorería, así como también crear una empresa, si así lo considere, entre otras opciones más.

Resolución Solicitud de Protección Internacional.

Concesión de Protección Internacional Favorable:

No podrá viajar a su país de origen por un lapso aproximado de diez (10) años y se le retendrá su pasaporte. Asimismo, tendrá la opción de que le sea emitido un Documento de Viaje; que funcionará como un pasaporte, pero no lo acreditará como nacional español. Sin embargo, le permitirá viajar a cualquier país, salvo al de origen, como antes se indicó. De igual forma, se le proporcionará la Tarjeta de Identidad de Extranjero, pudiendo ya desempeñar cualquier actividad laboral de forma legal.

Concesión de Protección Internacional desfavorable:

Este es el caso más común para las solicitudes de Asilo (más del 90%). De presentarse, se le notificará que deberá abandonar el territorio de la Unión Europea en un lapso fijado. No obstante, tendrá dos vías para ejercer el respectivo Recurso para evitarlo. Sea este el de Reposición, para el cual tendrá el plazo máximo de un mes (30 días) para presentarlo; y el Contencioso Administrativo, para el cual dispondrá de un plazo de dos (2) meses para presentarlo. En este sentido, cuando la Resolución sale desfavorable, es muy recomendable interponer el respectivo recurso Contencioso Administrativo; con el fin de que pueda seguir laborando hasta que emitan la decisión y quede definitivamente firme.

Ahora bien, recientemente se ha publicado por la Dirección General de Protección Internacional una Instrucción para Cumplimentar el Formulario para la Presentación de Recurso de Reposición, el cual podrá hacerlo directamente si tiene el Certificado Electrónico y el cual podrá consultar a través del siguiente link, cuyas capturas de pantalla también se muestra a continuación:

EXTRANJERÍA EN ESPAÑA 2024, Guía Práctica.

https://blogextranjeriaprogestion.org/wp-content/uploads/2024/06/instrucciones-cumplimentar-recurso-de-reposicion-acceso-nombre-propio.pdf

MINISTERIO DEL INTERIOR — SUBSECRETARÍA
DIRECCIÓN GENERAL DE PROTECCIÓN INTERNACIONAL

INSTRUCCIONES PARA CUMPLIMENTAR EL FORMULARIO PARA LA PRESENTACIÓN DE RECURSO DE REPOSICIÓN

ACCESO EN NOMBRE PROPIO

ADVERTENCIA: *Los campos señalados con asterisco (*) son campos que debe rellenar de forma obligatoria.*

1) DATOS DE LA PERSONA INTERESADA

1.1. Apellidos y Nombre

1.2. NIE/Pasaporte

Estos campos se cargan de forma automática al acceder con certificado o clave.

2) DATOS A EFECTOS DE NOTIFICACIÓN

PREFERENCIA DE NOTIFICACIÓN

2.1. Canal de notificación preferente: Deberá indicar "POSTAL" si desea recibir la notificación de la resolución de su recurso a través del servicio de correo postal o señalar "ELECTRÓNICO" si opta por su notificación a través de medios electrónicos.

DATOS PARA EL ENVÍO DE LOS AVISOS DE NOTIFICACIÓN (ELECTRÓNICO)

En caso de haber indicado como canal de notificación preferente la opción "ELECTRÓNICO" se habilitarán los siguientes campos a cumplimentar:

(*) Campos obligatorios

2.2. Correo electrónico (*): Indique su dirección completa de correo electrónico.

2.3. Teléfono fijo: Indique su número de teléfono (si dispone del mismo).

2.4. Teléfono móvil: Indique su número de celular (si dispone de él).

DIRECCIÓN POSTAL A EFECTOS DE NOTIFICACIÓN

En caso de haber indicado como canal de notificación preferente la opción "POSTAL, además de los campos anteriores (Correo electrónico, Teléfono fijo y Teléfono móvil) se habilitarán los siguientes campos a cumplimentar:

(*) Campos obligatorios

3) DATOS DE LA SOLICITUD

MINISTERIO DEL INTERIOR   SUBSECRETARÍA
                                           DIRECCIÓN GENERAL DE PROTECCIÓN INTERNACIONAL

3.1. Tipo de recurso (*): Marque la pestaña "REPOSICIÓN" (única disponible).

3.2. Organismo recurrido (*): Marque la pestaña "SGPI – Subdirección General de Protección Internacional" (única disponible).

3.4. Nº de expediente recurrido (*): Indique el número completo de expediente (12 dígitos) y compruebe detenidamente su corrección. El número de expediente figura en la parte superior de la resolución recurrida junto al NIE.

MINISTERIO DEL INTERIOR   SUBSECRETARÍA
                                           DIRECCIÓN GENERAL
                                           DE POLÍTICA INTERIOR

Expte: 220123456789
NIE:

RESOLUCIÓN

DENEGAR EL DERECHO DE ASILO ASÍ COMO LA PROTECCIÓN SUBSIDIARIA, a
, nacional de

Notifíquese la presente resolución, haciéndose saber que pone fin a la vía administrativa y que contra ella podrá interponerse recurso contencioso administrativo ante la Sala de lo Contencioso Administrativo de la Audiencia Nacional, en el plazo de dos meses contados desde el día siguiente al de su notificación (artículo 46.1 de la Ley 29/1998, de 13 de julio, reguladora de la jurisdicción contencioso administrativa); sin perjuicio del recurso de reposición que, con carácter potestativo, puede interponerse ante el Ministro del Interior en el plazo de un mes contado a partir del día

3.3. SOLICITO SUSPENCIÓN DEL ACTO QUE SE IMPUGNA (*): Opciones Sí / No: Marque la casilla sí en caso de solicitar que la resolución recurrida no se ejecute de forma inmediata, sino que quede en suspenso hasta la resolución del recurso.

3.5. Expone: Formule las alegaciones que considere como fundamento de su recurso. Si el recurso lo adjunta mediante escrito podrá remitirse al contenido de este.

3.6. Solicita: Indique su petición.

4) TIPO DE DOCUMENTACIÓN ADJUNTA

Adjunte su escrito de recurso de reposición.

 MINISTERIO DEL INTERIOR SUBSECRETARÍA
DIRECCIÓN GENERAL DE PROTECCIÓN INTERNACIONAL

Nota. En caso de no adjuntar escrito de recurso se valorarán las alegaciones que realice en el apartado "EXPONE" (3.5) del formulario de presentación.

5) FICHEROS ADJUNTOS

Adjunte los documentos anexos a su recurso de reposición.

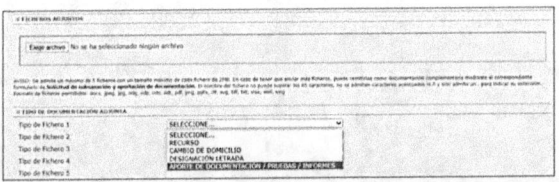

AVISO: Se admite un máximo de 5 ficheros con un tamaño máximo de cada fichero de 2MB.

En caso de tener que enviar más de 5 ficheros, puede remitirlos como documentación complementaria mediante el correspondiente formulario de **Solicitud de subsanación y aportación de documentación (recursos)**.

El nombre del fichero no puede superar los 65 caracteres, no se admiten caracteres acentuados ni ñ, ni caracteres especiales, únicamente, un punto (.) para indicar la extensión del archivo.

Formato de ficheros permitidos: docx, jpeg, jpg, odg, odp, ods, odt, pdf, png, pptx, rtf, svg, tiff, txt, xlsx, xml, xsig

6) MANIFIESTO DE CONFORMIDAD Y PROTECCIÓN DE DATOS

☑ MANIFIESTO DE CONFORMIDAD Y PROTECCIÓN DE DATOS	
Manifiesto de conformidad con los datos expuestos anteriormente (*)	☐
Acepto la política de protección y tratamiento de datos	☐

6.1. Manifiesto conformidad con los datos expuestos anteriormente (*): **Revise** detenidamente los datos cumplimentados, compruebe que son correctos y marque su conformidad.

EXTRANJERÍA EN ESPAÑA 2024, Guía Práctica.

MINISTERIO DEL INTERIOR
SUBSECRETARÍA
DIRECCIÓN GENERAL DE PROTECCIÓN INTERNACIONAL

6.2. Acepto la política de protección y tratamiento de datos: Lea atentamente el aviso sobre política de protección y tratamiento de datos y, si está de acuerdo, marque la casilla de aceptación para continuar con la presentación electrónica del recurso.

MINISTERIO DEL INTERIOR
SUBSECRETARÍA
DIRECCIÓN GENERAL DE PROTECCIÓN INTERNACIONAL

6.3. Firmar y enviar: Pinche el botón para firmar electrónicamente el recurso y presentarlo.

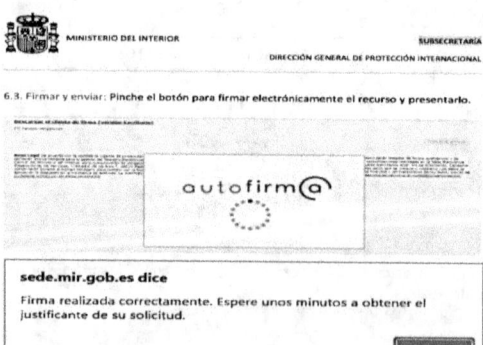

sede.mir.gob.es dice

Firma realizada correctamente. Espere unos minutos a obtener el justificante de su solicitud.

Aceptar

Finalmente, **DESCARGUE EL JUSTIFICANTE** de presentación del recurso.

Solicitud de Protección Internacional en Puesto Fronterizo:

La persona que esté ingresando a territorio español podrá solicitar en puertos, aeropuertos, fronteras y CIE (Centro de Internamiento de Extranjeros) una solicitud de protección internacional.

Para tales efectos podrá solicitar asistencia jurídica por parte de un letrado perteneciente a una ONG que pueda y desee intervenir, un abogado de oficio o uno privado, siempre que tenga la respectiva especialidad en la materia de extranjería; ahora bien, es muy importante que tenga en cuenta que, mientras se decide si va a ser estudiada o no su solicitud, tendrá que permanecer obligatoriamente en el aeropuerto, frontera, CIE, puerto o alojamiento asignado que decida la autoridad actuante, según sea el caso.

A la hora de la entrevista se le van a realizar preguntas muy específicas, determinadas siempre por la OAR, tales como: ¿Por qué vino a España y no otro país? ¿Qué le motivó a salir de su país? ¿Qué le sucedería si regresara? Entre otras preguntas genéricas que le pueda realizar la autoridad. Para esos procedimientos, es muy recomendable que lleve a la mano soportes que demuestren su situación lo más detalladamente posible.

En esas entrevistas, es muy común que le realicen preguntas relacionadas con su medio familiar; como por ejemplo su último contacto con ellos; cuáles son los datos de su madre, como de su padre; entre otros que puedan ayudar en un futuro para una posible reagrupación familiar.

Una vez que determinen que su solicitud va a ser estudiada, y que por ende tomará su curso, le podrán autorizar la entrada y respectiva estancia en territorio español. En cambio, si en el supuesto negado deciden que, la solicitud no será estudiada, puede optar por solicitar que reconsideren la solicitud de Protección Internacional;

conllevando a la administración a emitir un pronunciamiento, que para efectos legales seria como máximo 48 horas; debiendo seguir permaneciendo en el aeropuerto, CIE, frontera o puerto, donde interpuso la solicitud.

Toma de pantalla extraída de la página del CEAR

TERCERA PARTE
PROCEDIMIENTOS DE HOMOLOGACIÓN, CONVALIDACIÓN Y EQUIVALENCIA DE TÍTULOS EMITIDOS EN EL EXTRANJERO Y COMENTARIOS FINALES

CAPÍTULO IX

Titulación Extranjera No Universitaria.

El proceso de Homologación y Convalidación de Estudios No Universitarios no es más que un proceso por el cual el extranjero puede acceder para el reconocimiento de su titulación no universitaria y de formación profesional, directamente por el extranjero, como por representante.

Esto se puede realizar en territorio español, por cualquiera de las partes ya indicadas, ante el Registro del domicilio, como por vía telemática; de igual forma, podrá realizar la solicitud encontrándose en su país de origen, desde la comodidad de oficina o casa, ingresando a la página web https://sede.educacion.gob.es/sede/login/inicio. **jjsp?idConvocatoria=46** así como, ya desde el territorio español, con la modalidad Cl@ve (sí está tramitada y activa). Asimismo, en caso de no tener el sistema Cl@ve, podrá realizar el registro accediendo con DNI, NIE o registrándose incluso con su número de pasaporte (Casilla "OTRO"), por medio de la opción persona física. A continuación, se presentan las capturas de pantalla de la página web arriba indicada.

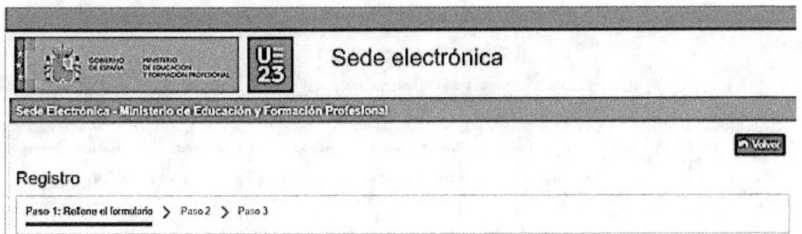

EXTRANJERÍA EN ESPAÑA 2024, Guía Práctica.

DATOS DEL USUARIO

- *Nombre:
- *Primer apellido:
- Segundo apellido:
- *Fecha nacimiento: dd/mm/aaaa
- *Tipo documento: Otro ▾
- *Nº documento: Ejemplo: 01234567L

ⓘ Este identificador se utilizará como usuario de acceso a la Sede electrónica.

Número de soporte/IDESP/IXESP:

ⓘ Si selecciona como Tipo de Documento DNI deberá informar el IDESP, si por el contrario selecciona NIE deberá informar el IXESP para que el Sistema pueda verificar sus Datos de Identidad con la Dirección General de la Policía.
Ver ayuda identidad
Le recordamos en tal caso, que la información introducida en los campos Nombre, Primer apellido y Segundo apellido (en caso de estar informado) deben ser EXACTAMENTE IGUALES a los existentes en su documento de identificación.

- *Contraseña:
- *Repita contraseña:
- *Correo electrónico:
- *Repita correo electrónico:

- *Teléfono móvil:

ⓘ El correo electrónico y el teléfono móvil indicados se utilizarán para recibir comunicaciones relativas a los trámites implementados en esta sede electrónica.

DECLARACIONES

☐ *Declaro que los datos que figuran en la solicitud de registro son ciertos, asumiendo en caso contrario, las responsabilidades que pudieran derivarse de su inexactitud y autorizando al Ministerio de Educación y Formación Profesional la consulta de los mismos en el Sistema de Verificación de Datos de Identidad de la Dirección General de la Policía.

☐ *Doy mi consentimiento

Información importante

Al firmar esta petición queda establecido que usted presta su consentimiento expreso al tratamiento de sus datos personales. Lea, antes de firmar, la información básica.

Información básica

Los datos personales recogidos serán incorporados en el registro de actividades de tratamiento del Ministerio de Educación y Formación Profesional denominado SEDE ELECTRÓNICA en cumplimiento del Reglamento General de Protección de Datos:

- Responsable del tratamiento: Subsecretaría de Educación y Formación Profesional
- Finalidad: Registro de los ciudadanos en la sede electrónica del Ministerio, para realizar trámites electrónicos de los que el ministerio es competente, comprendiendo todo el ciclo del trámite administrativo
- Legitimación: Consentimiento del interesado y orden EDU/947/2010, de 13 de abril por la que se crea y regula el registro electrónico del Ministerio de Educación y Formación Profesional
- Destinatarios: No están previstos
- Derechos: Acceso, rectificación, limitación del tratamiento, portabilidad de los datos, oposición y a no ser objeto de decisiones individualizadas.

De igual forma, si se encuentra en territorio español y tiene alguna inquietud la podrá consultar vía telefónica por el 060, solicitando hablar con el Ministerio de Educación y Formación Profesional. Desde el exterior, se podrá comunicar por +34902887060 o por el formulario de consultas administrativas a través de la Sede Electrónica de Atención al Ciudadano, que se muestra en las siguientes capturas de pantalla.

CAPÍTULO X

Homologación y Convalidación de Estudios Extranjeros Equivalentes a títulos españoles de Educación No Universitaria.

Para este caso, la homologación no es más que el reconocimiento por parte del Ministerio de Educación y Formación Profesional del título extranjero, al nivel equivalente en el sistema educativo español; mientras que para el caso de la convalidación le ha de permitir continuar estudios un centro docente español.

Este trámite puede ser canalizado directamente por el extranjero; o en su defecto, por medio de representante el cual deberá estar debidamente acreditado. Deberá realizarlo bajo la modalidad telemática inicialmente, y luego presencial, ante el Registro correspondiente a la provincia de su domicilio. Recuerde que debe registrarse en el sistema, sea por Cl@ve o por usuario con el número DNI, NIE o pasaporte en la página web https://sede.educacion.gob.es/portada.html En la opción "Trámites Destacados".

Para formalizar la solicitud, ha de cumplir con una serie requisitos previos; tales como: pago de la tasa correspondiente, excepto cuando la homologación corresponda al título de Graduado en Educación Secundaria Obligatoria; pasaporte o documento de viaje; NIF o NIE; para los casos donde tenga que figurar el representante tendrá que aportar documentación que le identifique con la respectiva autorización; aportar título o certificación de superación de exámenes finales debidamente legalizados y apostillados (traducido si fuere necesario); certificación de los cursos que ha realizado donde se evidencie asignaturas cursadas; calificaciones y años académicos debidamente legalizados y apostillados por las autoridades correspondientes del país de origen; para los casos de extranjeros que han realizado estudios previos conforme al sistema educativo español, tendrá que presentar la certificación académica, el libro de escolaridad, el libro de calificaciones o historial académico.

Los lapsos aproximados para subsanaciones, si las tuviere, será de diez (10) días; mientras que para la emisión de la respectiva credencial el tiempo estimado sería de tres (3) meses, el cual para este año 2024 se están cumpliendo muy bien.

Ahora bien, es muy importante tener presente que, al momento de tomar la decisión para realizar la respectiva solicitud, deberá estar en posesión de toda la documentación correspondiente; debidamente legalizada y/o apostillada. En el caso de que el título no esté en español deberá ser traducido oficialmente por un traductor jurado, para así evitar una resolución desfavorable (debe tener mucho cuidado al realizar el trámite, leyendo con atención cada paso), tal como lo estable el Real Decreto 104/1988, cuyo objetivo es el de establecer los criterios para equiparar títulos extranjeros con los españoles y permitir la continuación de estudios extranjeros dentro del sistema educativo español.

A continuación, les presento las capturas de pantalla que irá viendo a medida que vaya haciendo el trámite por la página web ya descrita.

Está usted en: ▸ Sede electrónica ▸ Trámites electrónicos
Homologación y Convalidación de Estudios de Sistemas Educativos Extranjeros a sus equivalentes españoles de Educación No Universitaria

Solicitud de Homologación y convalidación de títulos y estudios extranjeros no universitarios

Datos personales   * Los campos con asterisco son obligatorios

Datos relativos a la solicitud

* Solicitud de homologación/convalidación de los estudios que se especifican, cursados en el sistema educativo de (en caso de haber cursado estudios en varios países deberá seleccionar el último)

Descripción de la convalidación/homologación solicitada *:
Detalle (Ens.Artísticas) *:
Título (Ens.Artísticas y Deportivas) *:
Especialidad(Ens.Artísticas y Deportivas) *:
Estudios poseídos:
Centro de estudios:

Notificaciones

Con el objeto de agilizar la tramitación y resolución del expediente, las notificaciones al solicitante se realizarán a través de la Sede electrónica del Ministerio, salvo que se oponga expresamente a que así sea. Se le avisará mediante correo electrónico cada vez que se ponga a su disposición una notificación.

Si usted se opone a recibir notificaciones en la Sede Electrónica del Ministerio, y desea recibir las notificaciones por correo postal en el domicilio indicado en su solicitud, deberá registrar junto con la documentación correspondiente, un escrito firmado por usted en el que manifieste este hecho.

Datos del domicilio

País de Residencia *: ESPAÑA
Comunidad Autónoma de Residencia *:   Solicitudes Cataluña Galicia País Vasco
Provincia *:
Domicilio *:
Localidad *:   Código postal:

Convalidación por el primer curso de Bachillerato
Homologación al título de Bachiller
Homologación al título de Graduado en Educación Secundaria Obligatoria
Homologación al título de Graduado en ESO y Conv. primero de Bachiller
Homologación al título de Graduado en ESO y al título de Bachiller
Homologación de enseñanzas artísticas profesionales
Homologación de enseñanzas artísticas superiores
Homologación de Enseñanzas Deportivas de Grado Medio
Homologación de Enseñanzas Deportivas de Grado Superior

Datos del representante

Nombre:
Primer apellido:
Segundo apellido:
Tipo de documento: ▼ Documento:
Teléfono:

Volante para la inscripción condicional

☑ Generar volante de inscripción condicional. Es responsabilidad del alumno entregarlo en el centro cuando proceda. Se generará al final del proceso, junto con la obtención del impreso oficial.

El presente volante se formaliza a efectos de: ▼
De:

Protección de Datos de Carácter Personal

En cumplimiento del Reglamento General de Protección de Datos, le informamos que sus datos serán incorporados al tratamiento denominado HOMOLOGACIÓN Y CONVALIDACIÓN DE TÍTULOS Y ESTUDIOS EXTRANJEROS NO UNIVERSITARIOS, titularidad del Ministerio de Educación y Formación Profesional, cuya información básica es la siguiente:

La finalidad es el registro y la gestión de las solicitudes de homologación o convalidación de títulos extranjeros a los correspondientes españoles de nivel no universitario.

Puede ejercitar sus derechos de acceso, rectificación, supresión y portabilidad de sus datos, de limitación y oposición a su tratamiento, así como a no ser objeto de decisiones individuales automatizadas, en la sede electrónica del Ministerio, presencialmente en las oficinas de registro o por correo postal.

Puede consultar la información adicional y detallada sobre la protección de sus datos en este espacio web.

Una vez cumplimentada la solicitud, deberá pulsar el botón Grabar solicitud. Posteriormente deberá generar el impreso de la solicitud, imprimirlo y presentarlo, junto a la documentación especificada, en una Unidad de Registro.

CAPÍTULO XI

Homologación y Convalidación de Estudios Extranjeros equivalentes a títulos españoles de Formación Profesional.

La homologación de estudios extranjeros de formación profesional es el reconocimiento del título extranjero al nivel equivalente en el sistema educativo español; mientras que la convalidación es el reconocimiento académico, en este caso, del módulo profesional con el fin de que pueda seguir estudios superiores y especialidades en un centro docente español.

Este trámite podrá ser realizado directamente por el extranjero o su representante, de forma presencial ante Registro correspondiente del domicilio de encontrarse en territorio español o vía telemática, previo registro en el sistema a través de usuario o por sistema Cl@ve en la página web: **https://sede.educacion.gob.es/portada.html** En donde buscará "Trámites destacados".

Los requisitos establecidos para estos casos son: pago del importe de la tasa; pasaporte; documento de viaje; NIF o NIE; en caso de representante deberá presentar la autorización con su respectiva identificación; corresponderá estar en posesión de un Título Profesional Básico, Título de Técnico o Título de Técnico Superior, según aplique, debidamente legalizado y apostillado; certificación que acredite la superación de los exámenes; certificación donde conste la duración del plan de estudios; asignaturas cursadas, así como los años académicos; carga horaria expresada en horas semanales, mensuales o créditos debidamente legalizados y apostillados; certificado de haber realizado prácticas preprofesionales; certificación de formación complementaria directamente relacionada con la formación que quiere homologar;

certificado de experiencia laboral relacionada con los estudios que va homologar, con indicación de la duración del contrato y descripción de las funciones desempeñadas; como otros documentos que le sean requeridos, tal como lo indican los Reales Decretos 104/1998 y 659/2023.

A continuación, les presento las capturas de pantalla que irá viendo a medida que vaya haciendo el trámite por la página web ya descrita.

Está usted en: ▸ Sede electrónica ▸ Trámites electrónicos

Homologación y Convalidación de Estudios de Sistemas Educativos Extranjeros a sus equivalentes españoles de Formación Profesional

---

Datos solicitud

* Solicitud de homologación/convalidación de los estudios que se especifican, cursados en el sistema educativo de (en caso de haber cursado estudios en varios países deberá seleccionar el último)

Estudios aportados *:

Convalidación/homologación solicitada *:
Familia *: Administración y Gestión
Titulación *:

Notificaciones

Con el objeto de agilizar la tramitación y resolución del expediente, las notificaciones al solicitante se realizarán a través de la Sede electrónica del Ministerio, salvo que se oponga expresamente a que así sea. Se le avisará mediante correo electrónico cada vez que se ponga a su disposición una notificación.

Si usted se opone a recibir notificaciones en la Sede Electrónica del Ministerio, y desea recibir las notificaciones por correo postal en el domicilio indicado en su solicitud, deberá registrar junto con la documentación correspondiente, un escrito firmado por usted en el que manifieste este hecho.

Datos del domicilio

País de Residencia *: ESPAÑA
Comunidad Autónoma de Residencia *: Solicitudes Cataluña Galicia País Vasco
Domicilio *:
Localidad *: Código postal:
Provincia *:

Datos del representante

Nombre:
Primer apellido:
Segundo apellido:
Tipo de documento: Documento:
Teléfono:

| Convalidación módulos FP Grado Medio |
| Convalidación módulos FP Grado Superior |
| Homologación FP Básica |
| Homologación FP Grado Medio |
| Homologación FP Grado Superior |

Actividades Físicas y Deportivas
Administración y Gestión
Agraria
Artes Gráficas
Artes y Artesanías
Comercio y Marketing
Edificación y Obra Civil
Electricidad y Electrónica
Energía y Agua
Fabricación Mecánica
Hostelería y Turismo
Imagen Personal
Imagen y Sonido
Industrias Alimentarias
Industrias Extractivas
Informática y Comunicaciones
Instalación y Mantenimiento
Madera, Mueble y Corcho
Mantenimiento y Servicios a la Producción

EXTRANJERÍA EN ESPAÑA 2024, Guía Práctica.

- Marítimo Pesquera
- Química
- Sanidad
- Seguridad y Medio Ambiente
- Servicios Socioculturales y a la Comunidad
- Textil, Confección y Piel
- Transporte y Mantenimiento de Vehículos
- Vidrio y Cerámica

Notificaciones

Con el objeto de agilizar la tramitación y resolución del expediente, las notificaciones al solicitante se realizarán a través de la Sede electrónica del Ministerio, salvo que se oponga expresamente a que así sea. Se le avisará mediante correo electrónico cada vez que se ponga a su disposición una notificación.

Si usted se opone a recibir notificaciones en la Sede Electrónica del Ministerio, y desea recibir las notificaciones por correo postal en el domicilio indicado en su solicitud, deberá registrar junto con la documentación correspondiente, un escrito firmado por usted en el que manifieste este hecho.

Datos del domicilio

País de Residencia *: ESPAÑA
Comunidad Autónoma de Residencia *: [ ] Solicitudes Cataluña Galicia País Vasco
Domicilio *:
Localidad *:   Código postal:
Provincia *:

Datos del representante

Nombre:
Primer apellido:
Segundo apellido:
Tipo de documento: [ ]   Documento:
Teléfono:

Datos del pago

En caso de no estar exento, deberá efectuar el pago de forma previa a la generación de estos impresos y consignar obligatoriamente los datos del pago. Además de rellenar estos datos, deberá presentar obligatoriamente el documento justificante del pago de la tasa:

Importe *:
Fecha de pago(dd/mm/aaaa) *:
Para pagos realizados en España, indique a continuación el Nº de justificante del impreso modelo 790:

Protección de Datos de Carácter Personal

La finalidad es el registro y la gestión de las solicitudes de homologación o convalidación de títulos extranjeros a los correspondientes españoles de nivel no universitario.

Puede ejercitar sus derechos de acceso, rectificación, supresión y portabilidad de sus datos, de limitación y oposición a su tratamiento, así como a no ser objeto de decisiones individuales automatizadas, en la sede electrónica del Ministerio, presencialmente en las oficinas de registro o por correo postal.

Puede consultar la información adicional y detallada sobre la protección de sus datos en este espacio web.

Una vez cumplimentada la solicitud, deberá pulsar el botón Grabar solicitud. Posteriormente podrá adjuntar la documentación especificada y registrar su solicitud.

Cerrar   Grabar solicitud

Si en el supuesto negado su título extranjero no es equivalente a ningún título de Formación Profesional (FP) en España, existen algunas opciones que podrías considerar:

1. Reconocimiento parcial: Aunque no haya una equivalencia directa, podrías solicitar el reconocimiento parcial de las asignaturas o módulos que sean similares. Esto te permitiría convalidar solo ciertas partes de tu título extranjero.

2. Formación complementaria: Si hay diferencias sustanciales entre tu título y los títulos de FP en España, podrías realizar formación complementaria para cubrir esas brechas. Esto podría incluir cursos adicionales o prácticas profesionales.

3. Estudios superiores: Si deseas continuar tus estudios, podrías considerar opciones de educación superior, como ciclos formativos de grado superior o estudios universitarios. En algunos casos, los títulos extranjeros pueden ser útiles para acceder a programas de grado o posgrado.

CAPÍTULO XII

Homologación de títulos extranjeros de Educación Superior a títulos oficiales españoles de Grado o Máster que den acceso a Profesión Regulada en España.

En lo que respecta a la homologación de títulos universitarios emitidos en el extranjero, la Secretaría General de Universidades estará adscrita a la Comisión de Análisis Técnico, la cual se compone de trece (13) personas; tal como lo indica el Capítulo II, Sección 1ª artículo 10 del Real Decreto 889/2022, quienes se encargan de revisar detenidamente cada caso. Para tales fines, el procedimiento iniciará con una solicitud hacia dicho ente, aportando la documentación correspondiente, debidamente legalizada, apostillada y de estar en otro idioma traducida.

El lapso estimado de estudio del caso es de seis (6) meses por ley y en caso de recibir un requerimiento u observación, tendrá un período prudencial para responderlo o subsanarlo. Actualmente este proceso se está demorando más de un año por las innumerables solicitudes.

Si es declarada favorable la Solicitud de Homologación, se ha de emitir la respectiva credencial con el reconocimiento del grado o nivel académico profesional según corresponda. Con dicho reconocimiento se le otorgará plena validez y reconocimiento a su título extranjero en todo el territorio nacional.

Este proceso de Homologación de Título Universitario Extranjero aplica para estudios universitarios finalizados en el extranjero, equiparables al nivel académico y profesional del sistema español, siendo exclusivo para profesiones reguladas; pudiendo ser interpuesto directamente por el extranjero o representante vía telemática, tal como se indica en el Real Decreto 889/2022.

La solicitud para tales fines se puede realizar desde el país de origen o ya en territorio español; eso sí, previo registro por medio de la creación de usuario, con el número de pasaporte, documento de identidad extranjero o cualquier otro documento que no sea NIF, CIF o NIE; a través de la página web del Ministerio de Universidades **https://universidades.sede.gob.es/procedimientos/portada/ida/3513/idp/1029** y de encontrarse ya registrado, solo tendrá que identificarse por la opción que corresponda; sea ésta usuario o Cl@ve.

Para el pago de la respectiva tasa modelo 790-107, si se encontrare en territorio español y tiene asignado un NIE, podrá cancelarla en una entidad bancaria presentando el formulario y pagando la tasa actual para este año 2024, que es de 166,50 euros; ahora bien, si se encontrare en el extranjero, el abono de la tasa debe hacerse mediante ingreso por transferencia a favor del Ministerio de Universidades, en la cuenta restringida del Banco de España de recaudación de tasas en el extranjero: **IBAN: ES16 9000 0001 2002 5310 8022, BIC: ESPBESMMXXX**. Allí, el importe ingresado debe cubrir el total de la tasa, más los gastos de transferencia o cualquier otra comisión bancaria; por lo cual se recomienda confirmar antes esos gastos extras y asegurar que el monto íntegro requerido se transferido a la cuenta. Si el importe transferido no llegara a completar el total de la tasa, no se iniciará la tramitación; lo que le acarreará complicaciones y transferencias posteriores.

Para dicha transferencia, el solicitante deberá identificarse (nombre y apellidos); así como también dejar sentado el nombre del tipo de trámite que está realizando (homologación).

Para este procedimiento, se reitera que es de suma importancia que la documentación exigida, tal como: notas, pensum académico, carga horaria y contenido programático, deberá estar certificada por la institución universitaria donde cursó estudios; así como también dichos documentos deberán estar legalizados y apostillados, al igual que el Título Universitario.

A continuación, les presento las capturas de pantalla que irá viendo a medida que vaya haciendo el trámite por la página web ya descrita:

Actúa
● En nombre propio o de otra persona física
○ En representación del interesado (físico / jurídico)

Solicitante

| Datos del solicitante | Datos de solicitud | Documentación a aportar | Datos de pago | Información sobre protección de datos |

País del documento identificativo:* — Seleccione un país

Fecha de nacimiento: *

País de nacimiento:* — Seleccione un país

Género: * — Seleccione —

País de nacionalidad:* — Seleccione un país

Tasa por homologación - 790107 - (166.50€)

Opción de pago —

EXTRANJERÍA EN ESPAÑA 2024, Guía Práctica.

Solicitud de homologación del título de *

Nota: Deberá informar del título tal y como se encuentra reflejado en el diploma.

Otorgado por la Universidad / Centro de educación superior de *

País de la Universidad / Centro de educación superior * — Seleccione un país

Al título universitario oficial español que da acceso en España al ejercicio de la profesión regulada de (ANEXO del Real Decreto 889/2022, de 18 de octubre): * — Seleccione —

Nota: Si no encuentra su título universitario en la lista, por favor consulte el procedimiento 'Equivalencia de título extranjero de educación superior a titulación y a nivel académico de Grado o Máster universitarios oficiales'.

Por favor, marque las opciones que procedan:

☐ El título está expedido por una Universidad hispanohablante (título en castellano)

☐ El solicitante es nacional de un Estado hispanohablante, cuya lengua oficial sea el castellano

☐ El título está expedido en un país perteneciente a la Unión Europea

---

Abogado
Arquitecto
Arquitecto Técnico
Dentista
Dietista Nutricionista
Enfermero
Farmacéutico
Fisioterapeuta
Ingeniero Aeronáutico
Ingeniero Agrónomo
Ingeniero de Caminos, Canales y Puertos
Ingeniero de Minas
Ingeniero de Montes
Ingeniero de Telecomunicación
Ingeniero Industrial
Ingeniero Naval y Oceánico
Ingeniero Técnico Aeronáutico (en la correspondiente especialidad)
Ingeniero Técnico Agrícola (en la correspondiente especialidad)
Ingeniero Técnico de Minas (en la correspondiente especialidad)

Ingeniero Técnico de Obras Públicas (en la correspondiente especialidad)
Ingeniero Técnico de Telecomunicación (en la correspondiente especialidad)
Ingeniero Técnico en Topografía
Ingeniero Técnico Forestal (en la correspondiente especialidad)
Ingeniero Técnico Industrial (en la correspondiente especialidad)
Ingeniero Técnico Naval (en la correspondiente especialidad)
Logopeda
Maestro en Educación Infantil
Maestro en Educación Primaria
Médico
Óptico-Optometrista
Podólogo
Procurador de los Tribunales
Profesor de Educación Secundaria Obligatoria y Bachillerato, Formación Profesional y Enseñanzas de Idiomas
Psicólogo General Sanitario
Terapeuta Ocupacional
Veterinario

Tenga en cuenta que necesita aportar toda la información y documentación obligatoria para iniciar su solicitud. Puede guardar su solicitud en estado «borrador» hasta que termine de aportar toda la información necesaria. En el estado borrador la solicitud **aún no está presentada al Ministerio de Universidades**
Recuerde que tiene la opción de subir en un **fichero comprimido** (.zip, .rar, .tar) toda la documentación requerida, cuando ésta comprenda más de un documento.

Título cuya homologación se solicita o la certificación acreditativa de su expedición, correctamente legalizados.
Formatos permitidos: txt, zip, rar, tar, jpeg, jpg, gif, tif, png, eps, pdf, ods, odt, doc, docx, xls, xlsx, csv, xsig, xades

[Elegir archivo] No se ha seleccionado ningún archivo

Traducción oficial al castellano del título cuya homologación se solicita o de la certificación acreditativa de su expedición.
Formatos permitidos: txt, zip, rar, tar, jpeg, jpg, gif, tif, png, eps, pdf, ods, odt, doc, docx, xls, xlsx, csv, xsig, xades

[Elegir archivo] No se ha seleccionado ningún archivo

Certificación académica de los estudios realizados por el solicitante para la obtención del título, en la que consten, entre otros extremos, la duración oficial en años académicos del plan de estudios seguido, las asignaturas cursadas, la carga horaria de cada una de ellas expresada en horas o en créditos ECTS (europeos), correctamente legalizada.
Formatos permitidos: txt, zip, rar, tar, jpeg, jpg, gif, tif, png, eps, pdf, ods, odt, doc, docx, xls, xlsx, csv, xsig, xades

[Elegir archivo] No se ha seleccionado ningún archivo

Traducción oficial al castellano de la Certificación académica de los estudios realizados por el solicitante para la obtención del título, en la que consten, entre otros extremos, la duración oficial en años académicos del plan de estudios seguido, las asignaturas cursadas, la carga horaria de cada una de ellas expresada en horas o en créditos ECTS (europeos).
Formatos permitidos: txt, zip, rar, tar, jpeg, jpg, gif, tif, png, eps, pdf, ods, odt, doc, docx, xls, xlsx, csv, xsig, xades

[Elegir archivo] No se ha seleccionado ningún archivo

Documento que acredite la competencia lingüística necesaria para el ejercicio en España de la correspondiente profesión regulada, de conformidad con lo señalado en el artículo Artículo 13.2 del Real Decreto 889/2022, de 18 de octubre.
Formatos permitidos: txt, zip, rar, tar, jpeg, jpg, gif, tif, png, eps, pdf, ods, odt, doc, docx, xls, xlsx, csv, xsig, xades

[Elegir archivo] No se ha seleccionado ningún archivo

EXTRANJERÍA EN ESPAÑA 2024, Guía Práctica.

Documento que acredite la identidad y nacionalidad del solicitante, expedido por las autoridades competentes del país de origen o de procedencia o por las autoridades españolas competentes en materia de extranjería.
Formatos permitidos: txt, zip, rar, tar, jpeg, jpg, gif, tiff, png, eps, pdf, ods, odt, doc, docx, xls, xlsx, csv, xsig, xades

[Elegir archivo] No se ha seleccionado ningún archivo

DECLARACIÓN RESPONSABLE

Para seguir con el proceso de solicitud, deberá aceptar la declaración responsable:

SOLICITA, la homologación de un título extranjero de educación superior a un título oficial universitario español de Grado o Máster que dé acceso a profesión regulada en España

DECLARA, que son ciertos los datos consignados en la solicitud, reuniendo las condiciones exigidas para la homologación, comprometiéndose a probar los datos que figuran en esta solicitud que le fueran requeridos, asumiendo en caso contrario, las responsabilidades que pudieran derivarse de su inexactitud.

☐ Confirmo la declaración responsable.

SI DESEA DESISTIR DE EXPEDIENTES ANTERIORES O APORTAR DOCUMENTACIÓN ADICIONAL

NOTA: Si desea desistir de los expedientes realizados con la normativa anterior, deberá remitir el formulario de desistimiento que se incluye en la portada del procedimiento debidamente firmado. Ello implicará la gestión a través del actual expediente con la nueva normativa (Real Decreto 889/2022, de 18 de octubre).
Descarga del Modelo de escrito de desistimiento

Espacio para el documento de desistimiento
Formatos permitidos: txt, zip, rar, tar, jpeg, jpg, gif, tiff, png, eps, pdf, ods, odt, doc, docx, xls, xlsx, csv, xsig, xades

[Elegir archivo] No se ha seleccionado ningún archivo

Otra documentación
Formatos permitidos: txt, zip, rar, tar, jpeg, jpg, gif, tiff, png, eps, pdf, ods, odt, doc, docx, xls, xlsx, csv, xsig, xades

[Elegir archivo] No se ha seleccionado ningún archivo

POR FAVOR, ELIJA LA MODALIDAD DE PAGO UTILIZADA:

○ Pago a través del Modelo 790 ○ Pago en cuenta restringida ○ Exento de pago ○ Pago a través de número de cuenta o de tarjeta

NOTA: Para cualquiera de los tres primeros casos, deberá aportar el justificante de pago, o la comunicación de la exención en su caso, en la opción de pago: *Adjuntar Justificante* que encontrará en la parte inferior de las pestañas, para poder finalizar la solicitud de homologación.

Tasa por homologación - 790107 - (166.50€)

Opción de pago
- Pagar Telemático
- Justificante NRC
- Adjuntar Justificante

Guardar Borrador   Enviar

CAPÍTULO XIII

Declaración de Equivalencia de Títulos Extranjeros de Educación Superior a nivel académico de Grado o Máster Universitarios oficiales.

El proceso de Equivalencia correspondiente al título universitario emitido en el extranjero, que no entren dentro de las profesiones reguladas, tiene como fin el reconocimiento de dicho título en el sistema español, equiparables al nivel académico a Grado o Máster, según corresponda; eso sí, comprendiendo el área y campo específico de formación al cual se haya declarado la equivalencia, excluyendo aquellas profesiones reguladas (Abogado, Arquitecto, Dentista, Enfermero, Ingenieros, fisioterapeuta...) las cuales deben ser interpuesta por declaración de homologación, tal como se indica en el Real Decreto 889/2022.

Esta solicitud puede ser interpuesta directamente por el extranjero o representante vía telemática; previo registro por medio de la creación de usuario, con el número de pasaporte, documento de identidad extranjero o cualquier otro documento que no sea NIF, CIF o NIE; a través de la página web del Ministerio de Universidades **https://universidades.sede.gob.es/procedimientos/portada/ida/3513/idp/1029**. Donde, de encontrarse ya registrado, solo tendrá que identificarse por la opción que corresponda; sea ésta usuario o Cl@ve.

Los documentos que deberá tener al momento de realizar su solicitud son: documento que le identifique; notas; pensum académico; carga horaria, contenido programático, los cuales deberán estar certificados por la institución universitaria donde cursó estudios; asimismo, deberán estar debidamente legalizados y apostillados al igual que el título universitario. Además, de no estar en idioma oficial tendrá que presentar la respectiva traducción. A continuación, les presento las capturas de pantalla que irá viendo a medida que vaya haciendo el trámite por la página web ya descrita.

Título cuya equivalencia se solicita o la certificación acreditativa de su expedición, correctamente legalizados.
Formatos permitidos: txt, zip, rar, tar, jpeg, jpg, gif, tif, png, eps, pdf, ods, odt, doc, docx, xls, xlsx, csv, xsig, xades

[Elegir archivo] No se ha seleccionado ningún archivo

Traducción oficial al castellano del título cuya equivalencia se solicita o de la certificación acreditativa de su expedición.
Formatos permitidos: txt, zip, rar, tar, jpeg, jpg, gif, tif, png, eps, pdf, ods, odt, doc, docx, xls, xlsx, csv, xsig, xades

[Elegir archivo] No se ha seleccionado ningún archivo

Certificación académica de los estudios realizados por el solicitante para la obtención del título, en la que consten, entre otros extremos, la duración oficial en años académicos del plan de estudios seguido, las asignaturas cursadas, la carga horaria de cada una de ellas expresada en horas o en créditos ECTS (europeos), correctamente legalizada.
Formatos permitidos: txt, zip, rar, tar, jpeg, jpg, gif, tif, png, eps, pdf, ods, odt, doc, docx, xls, xlsx, csv, xsig, xades

[Elegir archivo] No se ha seleccionado ningún archivo

Traducción oficial al castellano de la Certificación académica de los estudios realizados por el solicitante para la obtención del título, en la que consten, entre otros extremos, la duración oficial en años académicos del plan de estudios seguido, las asignaturas cursadas, la carga horaria de cada una de ellas expresada en horas o en créditos ECTS (europeos).
Formatos permitidos: txt, zip, rar, tar, jpeg, jpg, gif, tif, png, eps, pdf, ods, odt, doc, docx, xls, xlsx, csv, xsig, xades

[Elegir archivo] No se ha seleccionado ningún archivo

Documento que acredite la identidad y nacionalidad del solicitante, expedido por las autoridades competentes del país de origen o de procedencia o por las autoridades españolas competentes en materia de extranjería.
Formatos permitidos: txt, zip, rar, tar, jpeg, jpg, gif, tif, png, eps, pdf, ods, odt, doc, docx, xls, xlsx, csv, xsig, xades

[Elegir archivo] No se ha seleccionado ningún archivo

DECLARACIÓN RESPONSABLE

Para seguir con el proceso de solicitud, deberá aceptar la declaración responsable:

SOLICITA, la equivalencia de título extranjero de educación superior a nivel académico de Grado o Máster universitarios oficiales.

DECLARA, que son ciertos los datos consignados en la solicitud, reuniendo las condiciones exigidas para la equivalencia, comprometiéndose a probar los datos que figuran en esta solicitud que le fueran requeridos, asumiendo en caso contrario, las responsabilidades que pudieran derivarse de su inexactitud.

☐ Confirmo la declaración responsable.

SI DESEA DESISTIR DE EXPEDIENTES ANTERIORES O APORTAR DOCUMENTACIÓN ADICIONAL

NOTA: Si desea desistir de los expedientes realizados con la normativa anterior, deberá remitir el formulario de desistimiento que se incluye en la portada del procedimiento debidamente firmado. Ello implicará la gestión a través del actual expediente con la nueva normativa (Real Decreto 889/2022, de 18 de octubre).

Descarga del Modelo de escrito de desistimiento

Espacio para el documento de desistimiento
Formatos permitidos: txt, zip, rar, tar, jpeg, jpg, gif, tif, png, eps, pdf, ods, odt, doc, docx, xls, xlsx, csv, xsig, xades

[Elegir archivo] No se ha seleccionado ningún archivo

Otra documentación
Formatos permitidos: txt, zip, rar, tar, jpeg, jpg, gif, tif, png, eps, pdf, ods, odt, doc, docx, xls, xlsx, csv, xsig, xades

[Elegir archivo] No se ha seleccionado ningún archivo

Otra documentación
Formatos permitidos: txt, zip, rar, tar, jpeg, jpg, gif, tif, png, eps, pdf, ods, odt, doc, docx, xls, xlsx, csv, xsig, xades

[Elegir archivo] No se ha seleccionado ningún archivo

POR FAVOR, ELIJA LA MODALIDAD DE PAGO UTILIZADA:

○ Pago a través del Modelo 790   ○ Pago en cuenta restringida   ○ Exento de pago   ○ Pago a través de número de cuenta o de tarjeta

NOTA: Para cualquiera de los tres primeros casos, deberá aportar el justificante de pago, o la comunicación de la exención en su caso, en la opción de pago: Adjuntar Justificante que encontrará en la parte inferior de las pestañas, para poder finalizar la solicitud de homologación.

Tasa por homologación - 790107 - (166,50€)

Opción de pago [— ▼]

- Pagar Telemático
- Justificante NRC
- Adjuntar Justificante

[Guardar Borrador]   [Enviar]

Cabe destacar que recientemente se ha publicado una Resolución con fecha de 21 de febrero de 2024, emitida por la Secretaría General de Universidades; en la cual se establecen las "**...instrucciones para la tramitación del procedimiento de homologación y declaración de equivalencia a titulación y nivel académico de títulos extranjeros de educación superior...**" para personas que residen legalmente en España; así como para aquellas que poseen la nacionalidad española o de algún Estado miembro de la Unión Europea. El objetivo principal de esta Resolución es el de facilitar la integración en el mercado laboral; por lo cual se hace necesario que todos aquellos que tengan un expediente de este tipo, actualmente en tramitación y a la espera de resolución, se acojan a esta nueva instrucción. Para lo cual deberán introducir un escrito ante el ente, informando claramente que se acogen a esta nueva Resolución.

Por experiencias en este tipo de trámites, se recomienda altamente que tramiten esta nueva petición, así los funcionarios que los atiendan por consulta telefónica o telemáticamente les comenten que no es necesario. A continuación, se presenta un escrito de ejemplo; a fin de guiar su redacción para el respectivo trámite.

Lugar, xx xxx de 2024.

Señores.
SECRETARÍA GENERAL DE UNIVERSIDADES.
MINISTERIO DE CIENCIA, INNOVACIÓN Y UNIVERSIDADES.
Presente.
EXPEDIENTE: XXXXXXXXXXXX

Estimados señores.

Me permito dirigirme a ustedes con el fin de solicitar formalmente el acogimiento a la Resolución del 21 de febrero de 2024; la cual establece una vía específica para la tramitación de las solicitudes de personas que residan legalmente en España, con el objetivo de facilitar una rápida integración en el mercado de trabajo.

Como residente legal en España y de nacionalidad XXXXX, cumplo con los requisitos establecidos para beneficiarme de dicha resolución. Mi intención es contribuir de manera activa al mercado laboral y aprovechar las oportunidades que brinda su sistema educativo para mejorar mi formación y cualificación profesional.

Entiendo que esta tramitación se efectuará de manera simultánea con los expedientes pendientes a resolver; sea por el Real Decreto 967/2014, de 21 de noviembre o por el Real Decreto 889/2022 promulgado en fecha 18 de octubre del año 2022.

Adjunto a la presente, con lista anexa, encontrará toda la documentación necesaria para acreditar mi situación legal en el país, para su respectiva evaluación.

Agradezco de antemano la atención prestada a la presente y quedo a la espera de su pronta respuesta.

Atentamente,

Nombre Completo
Correo Electrónico
Número de Teléfono

COMENTARIOS FINALES

El fin de esta guía orientativa está enfocado a la firme convicción de que ustedes, los lectores, entiendan lo más fácilmente posible los diferentes pasos que han de seguir para poder optar por una larga estadía legal en territorio español, así como sus diferentes connotaciones; ya que no solo es formalizar la solicitud, así como así. Pues para ello se requiere de un estudio minucioso de los procesos a tramitar; y sobre todo, estar muy alerta sobre los diferentes cambios que puedan suscitarse en el día a día, a nivel del Ordenamiento Jurídico Español, como de las Doctrinas Jurisprudenciales; ya que todas ellas son dinámicas y los legisladores y entes las van adaptando a las nuevas situaciones y requerimientos del Reino de España y la Comunidad Económica Europea.

En este orden de ideas, la mayoría de estos procedimientos se pueden ejecutar directamente por el extranjero interesado; salvo algunas excepciones, que sí requerirán de la ayuda y representación de un Profesional del Derecho (abogado); así como también de un Trabajador Social debidamente acreditado. También, en diferentes entes y ONG de ayudas al refugiado lo podrán ayudar y guiar en estos procesos; aunque no necesariamente lo acompañarán en los mismos.

Sobre estos puntos se considera importante destacar que, contar con la ayuda de un abogado especializado o no tener uno, implique necesariamente que la resolución o trámite requerido vaya a salir favorable, más rápida o evite que se complique más por otras cuestiones. Esto debido a que los trámites dependerán exclusivamente de la administración y ente respectivo; quienes son los únicos que tendrán la potestad de pronunciarse, sea de forma favorable o desfavorable y tomándose su tiempo respectivo. Pues, cuando usted realiza una solicitud en grandes provincias deberá tener muy presente que, por el volumen tan elevado de expedientes en curso, los lapsos podrán sobrepasar los 150 días aproximadamente. Para el caso de pequeñas provincias, que reciben menos solicitudes, se puede presentarse el caso de contar con poco personal para recibir y tramitar casos; por lo que igualmente los lapsos podrán serán considerables.

En este tema, cuyo desarrollo o consecuencias son de tan alto interés para el extranjero solicitante, lo más importante a considerar es que usted, con abogado o sin él, realice el trámite oportuna y correctamente, ante la entidad responsable, con la documentación necesaria y cumpliendo todos sus requisitos; así como también responda oportuna y cabalmente ante cualquier observación o solicitud que le haga la autoridad competente. En este punto, también entra la previsión del solicitante; pues deberá preparar con oportuna antelación los documentos originales, con sus apostillas cuando sean necesarias, fotos, constancias, así como las respectivas copias que sean solicitadas. Todo para tener un dossier listo y ordenado para el día de la cita. No deje estas previsiones para última hora o el mismo día de la convocatoria; pues algo tan sencillo como una foto tamaño pasaporte o unas fotocopias, pueden ser algo muy difícil de hacer, si la hora de la cita es temprano en la mañana y este tipo de servicios tienden a abrir más tarde.

Finalmente, todo proceso a realizarse en materia de Extranjería en España deberá comenzar con revisar lo dispuesto para el caso o solicitud que usted desea o requiera tramitar. Por lo que contar con la información presentada en esta guía le será útil para iniciar y seguir su proceso lo antes posible; donde más allá de la información aquí contenida, la palabra final la tendrá las leyes y normativas vigentes, así como los pronunciamientos de los entes y funcionarios encargados, de acuerdo con los recursos y procederes de la legislación española, que siempre deberá ser respetada y de estricto cumplimiento.

Espero que esta obra haya sido de su agrado, lo guíe en todos sus trámites de extranjería para regularizar el estatus necesario y le ayude a salir adelante, favorablemente, con sus procesos y solicitudes ante las autoridades del Reino de España.

EXTRANJERÍA EN ESPAÑA 2024, Guía Práctica.

La Autora:

Abogada acreditada en Venezuela y Colombia, especializada en la parte Laboral y luego como Diplomada en Conciliación, así como también Licenciada en Derecho en España; le ha tocado tramitar sus propias solicitudes de protección, homologación y validación ante este país de la Comunidad Económica Europea. Pues se vio obligada a huir de su país para buscar refugio y protección. Lo que le da una particular visión desde ambas perspectivas, que pone a disposición de los lectores para su provecho en la consecución de sus futuros trámites elevados ante los entes y autoridades españolas en materia de Extranjería.

Graduada de Abogado en la Universidad Santa María, en Caracas, Venezuela; desde sus fases de estudio iniciales trabajó en varios reconocidos bufetes de la capital venezolana, mayormente dedicados al área Laboral. Una vez graduada, ingresó de funcionaria civil en la Fuerza Aérea Venezolana, como Abogada de Personal Civil, encargada de evaluar y tramitar los casos de Derecho Laboral; asimismo realizó libre ejercicio y labor docente universitaria. Después de varios años y por persecución política, tuvo que huir de Venezuela para solicitar protección; primero a Colombia, donde convalidó estudios y se diplomó en Conciliación en la Universidad Católica de Colombia; atendiendo allá casos de mediación para el Colegio de Abogados de Colombia y en libre ejercicio.

Tiempo después, se vio obligada nuevamente a buscar otros horizontes, por su seguridad, hasta llegar a España; donde le tocó solicitar Protección Internacional, mientras y paralelamente, tramitó su reconocimiento como Licenciada en Derecho; experiencias éstas que le han ayudado a enriquecer sus conocimientos profesionales, que están plasmados en la guía que ahora tiene en sus manos; basada en su primer libro del año 2023; que ahora actualiza, enriquece y presenta nuevamente ante ustedes, con una obra mucho más madurada y con sumadas experiencias, propias y ajenas.

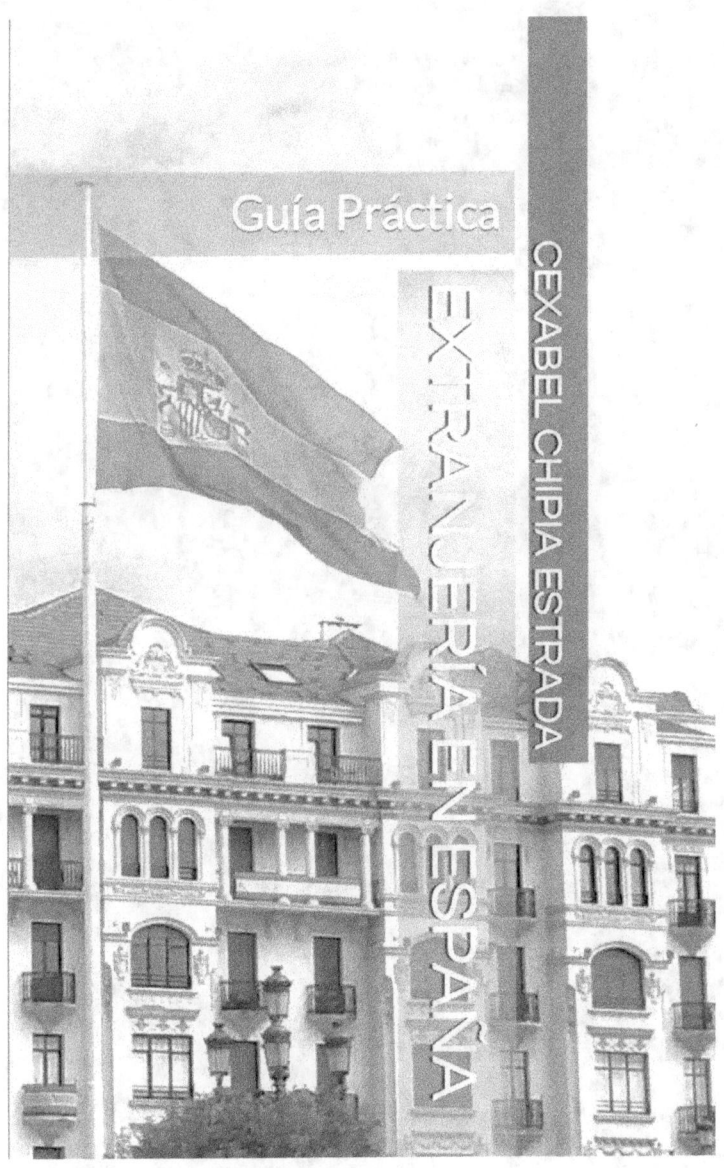

Primer libro de Extranjería publicado por la autora, año 2023

REFERENCIAS

CONSTITUCIÓN ESPAÑOLA 1978.

Ley Orgánica 4/2000, del 11 de enero, sobre derechos y libertades de los extranjeros en España y su integración social.

Ley Orgánica 8/2015, del 22 de julio, de modificación del sistema de protección a la infancia y a la adolescencia.

Ley 12/2009, del 30 de octubre, reguladora del derecho de asilo y de la protección subsidiaria.20/2011

Ley 14/2013, del 27 de septiembre, de apoyo a los emprendedores y su internacionalización.

Ley 19/2015, del 13 de julio, de medidas de reforma administrativa en el ámbito de la Administración de Justicia y del Registro Civil.39/2015

Ley 20/2022, del 19 de octubre, de Memoria Democrática.

Ley 28/2022, del 21 de diciembre, de fomento del ecosistema de las empresas emergentes.

Real Decreto 104/1988, del 29 de enero, sobre homologación y convalidación de títulos y estudios extranjeros de educación no universitaria.

Real Decreto 557/2011, del 20 de abril, por el que se aprueba el Reglamento de la Ley Orgánica 4/2000, sobre derechos y libertades de los extranjeros en España y su integración social, tras su reforma por Ley Orgánica 2/2009.

Real Decreto 897/2017, del 6 de octubre, por el que se regula la figura del consumidor vulnerable, el bono social y otras medidas de protección para los consumidores domésticos de energía eléctrica.

Real Decreto 629/2022, del 26 de julio, por el que se modifica el Reglamento de la Ley Orgánica 4/2000, sobre derechos y libertades de los extranjeros en España y su integración social, tras su reforma por Ley Orgánica 2/2009, aprobado por el Real Decreto 557/2011, de 20 de abril.

Real Decreto 889/2022, del 18 de octubre, por el que se establecen las condiciones y los procedimientos de homologación, de declaración de equivalencia y de convalidación de enseñanzas universitarias de sistemas educativos extranjeros y por el que se regula el procedimiento para establecer la correspondencia al nivel del Marco Español de Cualificaciones para la Educación Superior de los títulos universitarios oficiales pertenecientes a ordenaciones académicas anteriores.

Ley 2/2023, del 20 de febrero, reguladora de la protección de las personas que informen sobre infracciones normativas y de lucha contra la corrupción.

Real Decreto 659/2023, del 18 de julio, por el que se desarrolla la ordenación del Sistema de Formación Profesional.

Real Decreto 571/2023, de 4 de julio, sobre inversiones exteriores.

Real Decreto-ley 13/2022, del 26 de julio, por el que se establece un nuevo sistema de cotización para los trabajadores por cuenta propia o autónomos y se mejora la protección por cese de actividad.

Enlaces consultados:

https://www.policia.es/_es/extranjeria_extranjeros.php.

https://www.policia.es/_es/extranjeria_comunitarios.ph.

https://mpt.gob.es/dam/es/portal/delegaciones_gobierno/delegaciones/madrid/servicios/extranjeria/16Familiar_comunitario_inicial.pdf.pdf

https://www.inclusion.gob.es/web/migraciones/w/tarjeta-de-residencia-de-familiar-de-ciudadano-de-la-union-europe-hi-102-

https://sede.administracionespublicas.gob.es/pagina/index/directorio/icpplus.

https://sede.administracionespublicas.gob.es/procedimientos/index/categoria/34.

https://www.mjusticia.gob.es/es/ciudadania/tramites/nacionalidad-residencia.

https://inclusion.seg-social.es/web/migraciones/instrucciones

https://www.boe.es/

https://sede.agenciatributaria.gob.es/

https://portal.segsocial.gob.es/wps/portal/importass/importass/tramites/simuladorRETAPublico

https://webparainmigrantes.com/sistema-mercurio-extranjeria/

https://www.inclusion.gob.es/web/migraciones/modelos-generales

https://administracion.gob.es/pag_Home/es/Tu-espacio-europeo/derechos-obligaciones/ciudadanos/trabajo-jubilacion/fiscalidad/trabajadores-transfronterizos.html

https://www2.agenciatributaria.gob.es/static_files/common/internet/html/buscadorCensal_v2.html?callback=recogerValorIAE&idConv=202308052311119423442

https://www.mites.gob.es/trabajoautonomo/es/index.html

https://www.iberley.es/legislacion/articulo-59-bis-ley-organica-extranjeria

https://www.iberley.es/temas/residencia-temporal-espana-victima-seres-humanos-63042

https://www.segsocial.es/wps/portal/wss/internet/InformacionUtil/32078/3223

https://www.segsocial.es/wps/portal/wss/internet/InformacionUtil/32078/38626/38627

https://www.inclusion.gob.es/documents/1823432/1826071/triptico-emprender-ESP.pdf/fdf3ffcd-3428-fda3-ebb3-7fac2581f08c?t=1664791409956

https://www.mjusticia.gob.es/es/ciudadania/tramites/nacionalidad-residencia

https://www.exteriores.gob.es/Consulados/caracas/es/ServiciosConsulares/Paginas/index.aspx?scco=Venezuela&scd=45&scca=Nacionalidad&scs=Nacionalidad+espa%c3%b1ola+por+residencia

Ley 8/2021, de 2 de junio, por la que se reforma la legislación civil y procesal para el apoyo a las personas con discapacidad en el ejercicio de su capacidad jurídica.

https://administracion.gob.es/pag_Home/Tu-espacio-europeo/derechosobligaciones/ciudadanos/residencia/obtencion-nacionalidad.html

Orden JUS/1625/2016, de 30 de septiembre, sobre la tramitación de los procedimientos de concesión de la nacionalidad española por residencia.

Real Decreto 1049/2020, de 1 de diciembre, por el que se modifica el Reglamento por el que se regula el procedimiento para la adquisición de la nacionalidad española por residencia, aprobado por el Real Decreto 1004/2015, de 6 de noviembre.

ley 6/2021, de 28 de abril, por la que se modifica la ley 20/2011, de 21 de julio, del registro civil.

Resolución de 16 de diciembre de 2021, de la Subsecretaría, por la que se aprueban los modelos normalizados de solicitud de nacionalidad española por residencia en el ámbito del Ministerio de Justicia y se dictan instrucciones sobre su utilización.

instrucción de 22 de diciembre de 2021, de la dirección general de seguridad jurídica y fe pública, por la que se establecen criterios para la aplicación en las notarías, de las previsiones contenidas en el artículo 68.3 de la ley 20/2011, de 21 de julio, del registro civil, en relación con las declaraciones derivadas de las concesiones de nacionalidad por residencia.

https://www.mites.gob.es/es/sec_bep/estudios/ficheros-estudios/000296D9.PDF.

https://www.elperiodico.com/es/sociedad/20230809/espana-acogida-solicitantes-asilo-gestion-90813054.

https://eacnur.org/es/blog/que-relacion-tienen-el-derecho-de-asilo-y-la-proteccion-subsidiaria.

Ley 12/2009, de 30 de octubre, reguladora del derecho de asilo y de la protección subsidiaria.

https://www.policia.es/_es/extranjeria_asilo_y_refugio.php#.

https://www.interior.gob.es/opencms/pdf/archivos-y-documentacion/documentacion-y-publicaciones/publicaciones-descargables/proteccion-internacional/folleto_PI_espanol.pdf

https://blogextranjeriaprogestion.org/wp-content/uploads/2024/06/instrucciones-cumplimentar-recurso-de-reposicion-acceso-nombre-propio.pdf

https://www.iberley.es/temas/residencia-temporal-espana-arraigo-proteccion-internacional-razones-humanitarias-circunstancias-excepcionales-63039

https://www.mjusticia.gob.es/es/AreaTematica/DocumentacionPublicaciones/InstLibraryRegisterNotary/2103_RDGRN_2001.pdf

https://www.mjusticia.gob.es/es/ciudadania/estado-civil/circulares-instrucciones

https://www.boe.es/boe/dias/2012/10/13/pdfs/BOE-A-2012-12808.pdf

Circular de 13 de enero de 2023 de la Directora General de Seguridad Jurídica y Fe Pública sobre las reglas de competencia para el ejercicio de la opción contenidas en la Instrucción de 25 de octubre de 2022.

Real Decreto 220/2022, de 29 de marzo, por el que se aprueba el Reglamento por el que se regula el sistema de acogida en materia de protección internacional.

Resolución de 11 de agosto de 2023, de la Dirección General del Servicio Público de Empleo Estatal, por la que se publica el Catálogo de Ocupaciones de Difícil Cobertura para el tercer trimestre de 2023.

https://sede.administracionespublicas.gob.es/ayuda/consulta/ExtranjeriaCG

https://www.interior.gob.es/opencms/es/servicios-al-ciudadano/tramites-y-gestiones/oficina-de-asilo-y-refugio/proteccion-internacional/presentacion-de-la-solicitud/

https://www.policia.es/miscelanea/extranjeros/contacto_solicitud_asilo.pdf

https://www.educacionyfp.gob.es/dam/jcr:452f8721-6b6d-4d81-869a-3896f5e8d547/triptico-homologacion.pdf

Real Decreto 659/2023, de 18 de julio, por el que se desarrolla la ordenación del Sistema de Formación Profesional.

Real Decreto 104/1988, de 29 de enero, sobre homologación y convalidación de títulos y estudios extranjeros de educación no universitaria.

Real Decreto 889/2022, de 18 de octubre.

https://www.universidades.gob.es/wp-content/uploads/2023/02/FAQ_NuevoRD-apodera.pdf

https://www.universidades.gob.es/wp-content/uploads/2023/06/GUIA-HOMOLOGACIONv8.pdf

https://www.iberley.es/formularios/modelo-solicitud-homologacion-titulo-extranjero-educacion-superior-titulo-oficial-espanol-21131

https://www.universidades.gob.es/tasa-107-modelo-790-ingreso-para-homologaciones-convalidaciones-y-equivalencias-de-titulos-y-estudios-extranjeros/

https://www.universidades.gob.es/consultas

-sobre-tecnologia-y-uso-de-la-sedeelectronica-y-otras-cuestiones-informaticas/

https://www.universidades.gob.es/wp-content/uploads/2023/08/2.FOLLETO-UNIVERSIDADES-v2_ok.pdf

Resolución de 21 de febrero de 2024, de la Secretaría General de Universidades, por la que se dictan instrucciones para la tramitación del procedimiento de homologación y de declaración de equivalencia a titulación y nivel académico de títulos extranjeros de educación superior regulado en el Real Decreto 889/2022, de 18 de octubre, por el que se establecen las condiciones y los procedimientos de homologación, de declaración de equivalencia y de convalidación de enseñanzas universitarias de sistemas educativos extranjeros y por el que se regula el procedimiento para establecer la correspondencia al nivel del Marco Español de Cualificaciones para la Educación Superior de los títulos universitarios oficiales pertenecientes a ordenaciones académicas anteriores.

https://www.interior.gob.es/opencms/pdf/servicios-al-ciudadano/guia-de-tramites/Guia_de_tramites_2023_accesible.pdf

CEXABEL CHIPIA ESTRADA

www.ingramcontent.com/pod-product-compliance
Lightning Source LLC
Chambersburg PA
CBHW071828210526
45479CB00001B/44